誰でもできる「ゴルフ体幹」の鍛え方

TAIKANZ GOLF 監修
「書斎のゴルフ」編集部 編

日経プレミアシリーズ

はじめに

体幹を鍛えることでスイングを良くすることができます

ゴルフの醍醐味は大空に小さな白球を大きく飛ばすことですよね。広々としたゴルフコースで思い切りスイングしてボールを飛ばすのは、とても気持ちの良いものです。

ところが、いつでもナイススショットが打てるとは限らない。チョロや大ダフリ、ひどいスライスといった無残なショットも出てしまいます。力が入り過ぎたかな。頭が動いたかな。体が突っ込んだかな。いろいろなことを考えますが、何が原因なのか、自分のスイングを自分で見ることができないのでなかなかわかりません。そこでゴルフ雑誌やレッスンビデオを見たり、上手な人に教えてもらったりするわけですが、なかなか上手く打てるようにはなりません。

益々スイングに悩んでしまうことにもなるわけですが、私たちトレーナーからすると、スイングが悪くなってしまっているのは、体の状態が悪くなっていることに原因があることが非常に多いといえます。普段から体を動かしていない人は筋肉や関節が硬くなっています。それなのに上手な人と同じように打とうとすれば、バランスを崩してしまうのは当然です。頭が動いてしまうのもふらついてしまうのも、すべて体の状態がもたらしていることなのです。

つまり、スイングを良くしようとしたら、体の状態を良くする必要があるということです。体が良くないのに、いくらスイングを直そうとしても上手くいきません。良いスイングをしたければ、まずは体を良くすることです。

それには体幹を鍛えること。体幹とは文字通り体の幹です。幹がしっかりしていなければ上手くスイングできないのは当然です。特に腹部は腰椎しか骨がありませんので、しっかりと腹部を鍛えなければ上体を支えることはできません。体の中心の腰部が緩んでいては、姿勢も悪くなるし、不安定にもなります。また、体幹は体の強い力を発揮する源です。腕を動かすのも、脚を動かすのも体幹が要なのです。体幹を使うからこそ、腕も脚も上手く動かせるというわけです。もちろん、下半身も鍛えておかなければなりませんので、今回ご紹介するエクササイズを行えば、しっかりと下半身も鍛えることができます。

私たちは東京・新宿にある「タイカンズ」のトレーナーであり、体幹を鍛えるためのスペシャリストです。このジムには「タイカンズゴルフ」が常設されていて、体幹を鍛えることと、ゴルフ技術を向上させることを融合して、ゴルファーの上達を果たすことに努めています。

本書、『誰でもできる「ゴルフ体幹」の鍛え方』は、そうした私たちの経験を基に、ゴルフスイングに役立つ体幹トレーニングに特化して紹介しています。

まずは「体幹とは何か?」、体幹とゴルフスイングの関係を知り、自己判断テストで自分の現状の体を知ってください。それから、毎日5分のエクササイズを習慣にし、慣れてきたら15分のエクササイズに増やし、週末には「ピラフェクト」や「コアビティ」を行って、さらに動ける体にしていきましょう。それに加え、ゴルフスイングに連動するドリルも紹介しています。最後には食生活についても解説しています。

これらのことを行っていくうちに自分の体が変わっていくことに驚くと思います。自然にゴルフスイングが良くなり、ナイスショットが増えていくに違いありません。さらには毎日の生活も生き生きとしてきます。ゴルフ人生だけでなく、自分自身の人生も幸せになります。

どうか少しずつでもいいので、紹介するエクササイズを続けていって欲しいと思います。

2018年7月
「タイカンズ」チーフトレーナー/中川祥太朗

目次

ご協力いただいた「タイカンズ」と「ライフウェル」のスタッフ／左から高橋剛トレーナー、草深麻衣トレーナー、中川祥太朗チーフトレーナー、南田陽平プロ、管野晶彦トレーナー

第1章

体幹とは何か？
体幹を鍛えるとどうしてゴルフに良いのか？

体幹とは何か？
あらゆる動作の基盤を担う〝胴体〟のこと

体幹トレーニングが注目を浴び、トッププロたちは体幹をしっかりと鍛えています。では、体幹とは一体、何のことでしょうか？

体幹とは一言で言えば〝胴体〟のことです。つまり、頭部、腕部、脚部を除いた、あらゆる動作の基盤を担う部位のことです。

歩いたり走ったり、重い荷物を持ち上げたりといった、あらゆる運動に必要な動きをもたらし、力を発揮するための部位です。

体幹の筋肉としては、体の外側にあるアウターマッスルと深層にあるインナーマッスルがあります。

アウターマッスルには大胸筋や腹直筋、腹斜筋、広背筋、お尻の大臀筋などがあります。インナーマッスルは背中の脊柱起立筋や腹横筋、腸腰筋などがあり、どちらの筋肉も体を支えたり動かすのに重要な筋肉です。

また、体幹のコアにあたるインナーユニットには、腹横筋、多裂筋、横隔膜、骨盤底筋群という4つの筋肉があり、それらは骨格を正しく支えるような状態にするため、体の安定性を増すことができます。

これら体幹の筋肉や本書に出てくる筋肉は、次のページで人体図を使って説明しているので見てください。

ゴルフで体をダイナミックに動かす関節としては、肩関節、肩甲胸郭関節、股関節、脊椎関節、手首といった関節があり、トレーニングを行うことによってこれらの可動域を広げることができます。

体幹は速く強く手足を動かすためのエンジンでもあります。体幹を鍛えることで姿勢が安定し、手足の動きも良くなります。こうしたことから、体幹を鍛えると、動作がスムーズになり、体が疲れにくくなります。

姿勢が良くなることから肩凝りや腰痛も緩和されます。お腹が引っ込み、スリムな体になることも可能です。

体幹を鍛えることは、ゴルフにおいてもたくさんのメリットをもたらします。

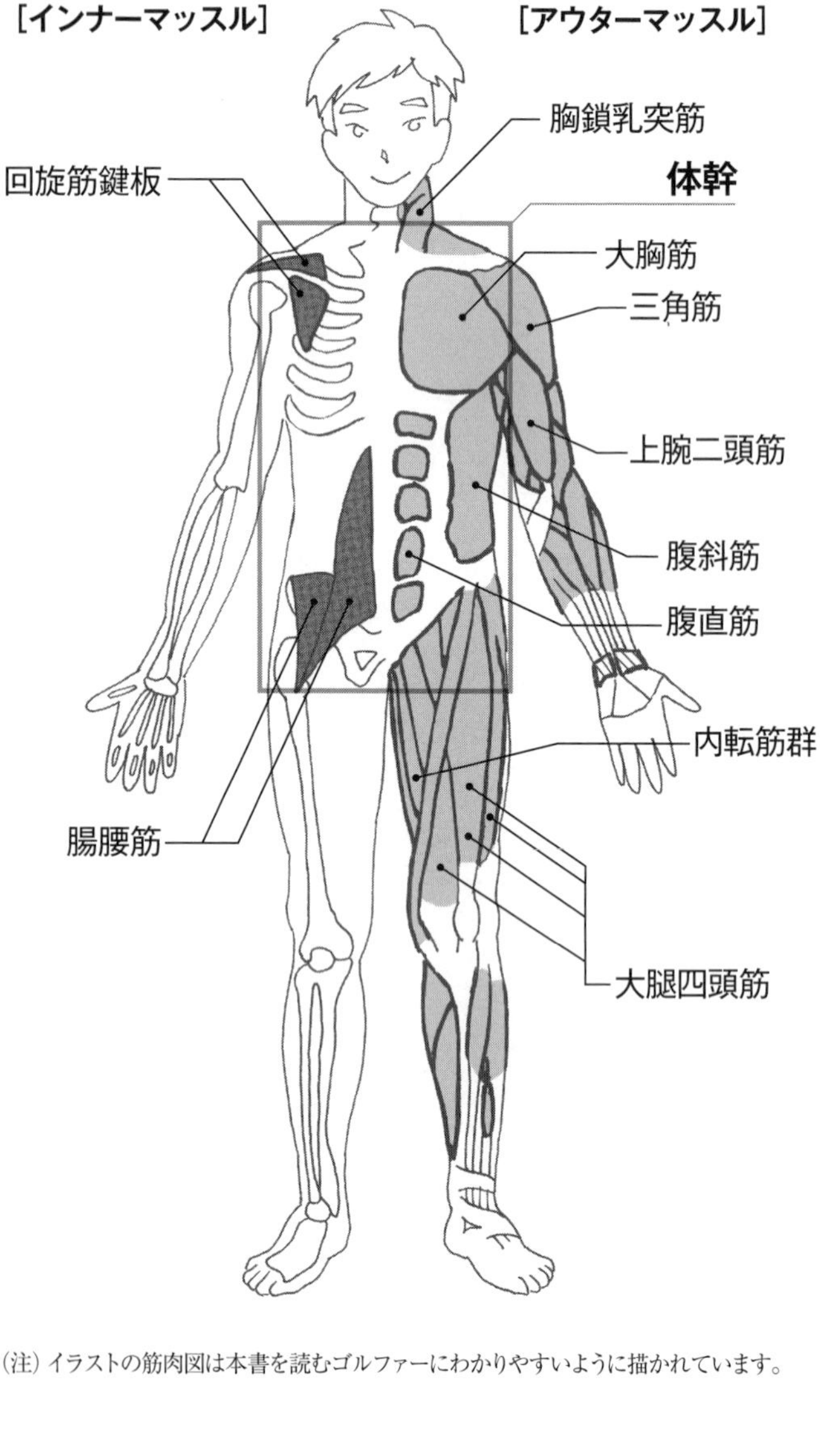

(注) イラストの筋肉図は本書を読むゴルファーにわかりやすいように描かれています。

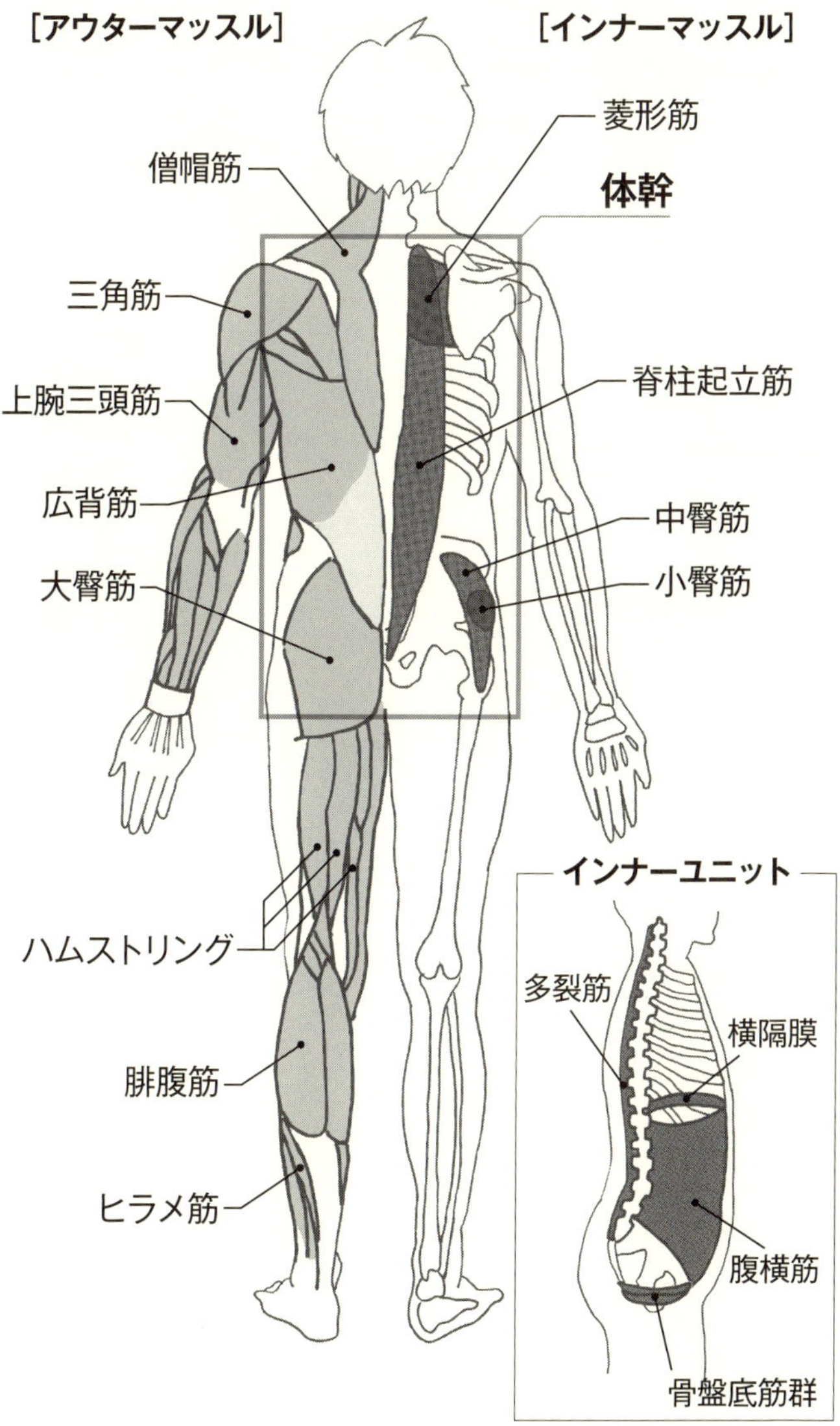
[アウターマッスル]
[インナーマッスル]
菱形筋
僧帽筋
体幹
三角筋
脊柱起立筋
上腕三頭筋
広背筋
中臀筋
大臀筋
小臀筋
インナーユニット
ハムストリング
多裂筋
横隔膜
腓腹筋
ヒラメ筋
腹横筋
骨盤底筋群

ゴルファーには体幹力が必要！体幹を鍛えればパワーと安定性が手に入る

ゴルフスイングはドライバーからパターまで、すべての動作が軸を中心とした運動によって行われます。体幹を鍛えれば、その軸が安定し、パワーも発揮できます。よって、ゴルファーならば誰もが抱いている「もっと飛ばしたい」『もっと上手く打ちたい」という気持ちが叶えられることになります。

普段から体を動かしていない人、体力が衰えてきている人、体が硬くなってきている人などは体幹の筋力や柔軟性が低下しています。そうした人がゴルフをすれば、体の軸がふらつき、ボールに上手く当てられず、大きく飛ばすことが難しくなります。

ゴルフコースは平らというわけではなく、斜面がたくさんあります。そうしたライでもバランス良く打つためには体幹をしっかりと鍛えておく必要があります。

さらに体幹についている筋肉に柔軟性があれば、関節の可動域が広がり、しなやかなスイングが可能となって、飛距離をアップすることができます。効率良くパワーを発揮できるというわけです。

体幹を鍛えると、具体的な効果として、アドレスの姿勢が目に見えて良くなります。背筋が安定し、股関節から上体を傾けることができます。体幹の筋肉がスイングのスピードに負けず、スイングが安定します。関節の可動域も広がるため、肩周りや股関節が動きやすくなります。下半身から上半身への連動もスムーズになり、下半身のエネルギーを使えるスイングにもなるわけです。

スイングを良くしたい、ゴルフを上達させたいと思うのなら、体幹を鍛えることです。ゴルフスイングに役立つエクササイズをしっかりと行って、上達を目指しましょう。

「タイカンズゴルフ」の南田プロは「体幹を鍛えることとゴルフ技術の向上を同時に行うことが上達の秘訣」と言う。

「ピラフェクト」と「コアビティ」をとり入れたオリジナルエクササイズで体幹力アップ

体幹を鍛えることで、ゴルフスイングが自然に良くなる。では、どのように鍛えればいいのかということですが、体幹トレーニングに特化している「タイカンズ」では「ピラフェクト」と「コアビティ」という2つのオリジナルエクササイズを用いて、体幹力を向上させています。

「ピラフェクト」はパーフェクトなピラー（体の支柱＝背骨）を作るエクササイズです。ピラティスとヨガの要素を取り入れたもので、良い姿勢を作り、安定性や柔軟性を高め、しなやかな体に生まれ変わることができます。静的なエクササイズが多く、ストレッチ効果の高いものです。

「コアビティ」はグラビティ（重力）を利用してコア（体幹）を鍛えるエクササイズです。体力や運動能力を向上させます。動的なエクササイズが多く、筋力を強化して瞬発力や持久力をアップ、代謝も良くなるので体脂肪率を減らし、引き締まった体にもなります。

本書ではこの「ピラフェクト」と「コアビティ」の多くのエクササイズから、ゴルフスイングに効果のあがるものを選び出してメニューとしています。また、自宅で簡単にできるように器具を使わないものにアレンジしています。

最初は毎日続けてもらえるように5分に特化したエクササイズを厳選し、これに慣れたら毎日15分行うエクササイズ、その後、「ピラフェクト」に特化したもの、「コアビティ」に特化したものを紹介しています。

これらを行うことによって、①飛距離がアップする、②スイングが安定する、③関節が柔らかく動くようになる、④腰痛や肩痛の予防、ケガが防止される、⑤ラウンド後半でも疲れない、といった改善がなされます。

中川チーフトレーナーは「体幹を鍛えることは、例え5分でも毎日続けることが効果を発揮する」と言う。

体の筋骨メカニズムを知って、無理のない体幹エクササイズを実践していく

体幹トレーニングを始める前に、ゴルフスイングのための体の機能を知って欲しいと思います。

それは体の動きを骨と筋肉の働きから科学的に追求した筋骨メカニズムのことで、要は筋肉の働きによる関節の動きの仕組みです。つまり、体はどう動くのか、どう動かすのが正しいのかというものです。

体の各部の動きは主に関節によって行われ、関節運動の軸と可動は関節面の形状によりほぼ決まっています。体の運動は主働筋の収縮と拮抗筋の弛緩によって行われ、屈曲と伸展、側屈、内転と外転、内旋と外旋、回内と回外、挙上と下制などがあります。

曲げる運動は屈曲、伸ばす運動は伸展。体を横に曲げる運動は側屈。体に近づける運動は内転、遠ざける運動は外転。手足を内側に捻る運動は内旋、外側に捻る運動は外旋。内旋と外旋に相当する前腕の捻りは回内と回外。引き上げる動作を挙上、引き下げる動作は下制となりま

す。

これらの運動を行うゴルフスイングに必要な関節を挙げてみると、①背骨、②股関節、③肩甲骨、④肩関節、⑤首、⑥上腕、⑦肘、⑧膝、の8つになります。それぞれの関節の運動は次からのページで紹介しています。

これらの関節の動きがわかると、体の正しい動きがわかります。関節は決まった動きしかできないので、それに則ってトレーニングを行うことになります。これを間違えると、ケガや故障を引き起こしますので、最初に知っておいていただきたいのです。

関節を動かすには筋肉が必要です。筋肉が柔軟になれば関節可動域が広がり、筋肉が鍛えられれば体の安定感が増し、運動のスピードやパワーがアップします。トレーニングの効果を発揮できるのです。

髙橋トレーナーは「体の機能を最初に知っておけば、正しい動きでトレーニングを行え、ケガを防止できる」と言う。

背骨の筋骨メカニズム

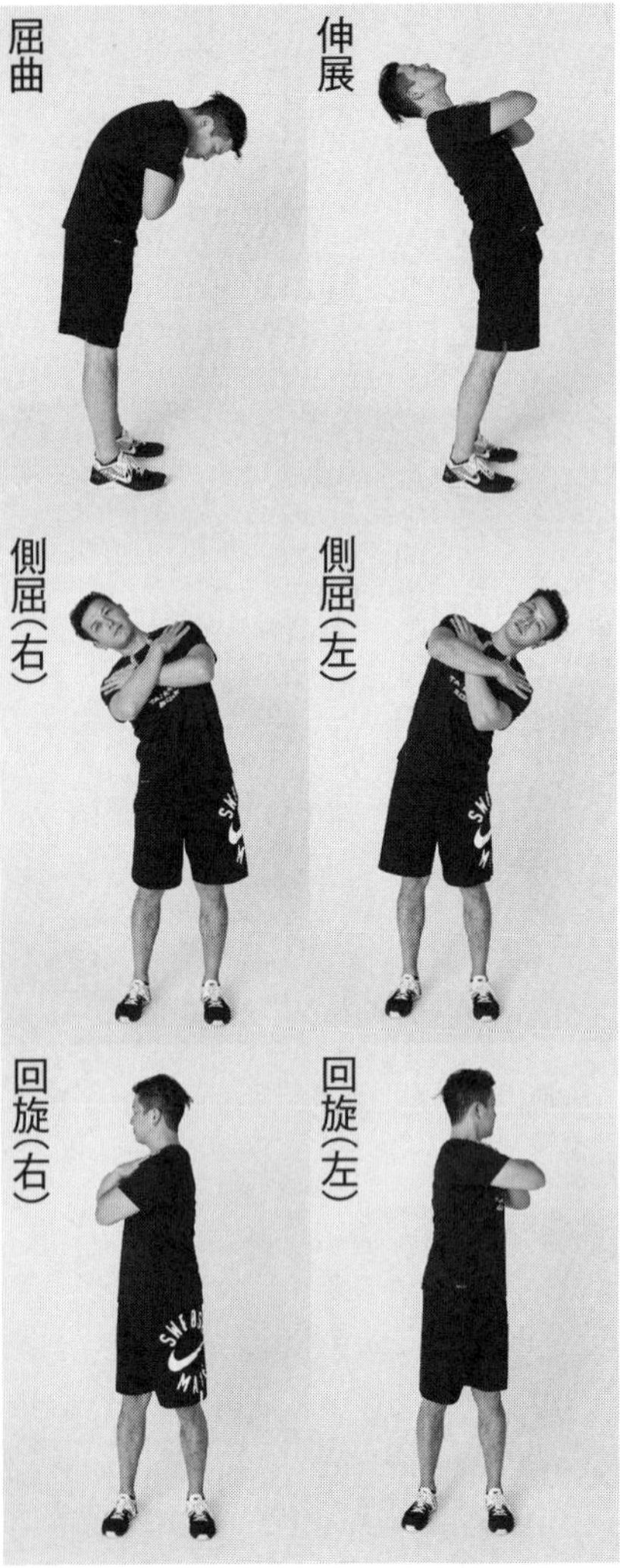

背骨は屈曲、伸展、側屈、回旋の運動が可能です。体を前に屈曲する前屈と、後ろに反る後屈である伸展は脊柱が主体の運動で、腹直筋や背筋などを使います。屈曲と伸展に使う筋肉の片側を収縮させると、体を横に倒す脊柱の側屈ができます。体を回す回旋は胸部脊柱での主な運動で腹斜筋などを使います。

股関節の筋骨メカニズム

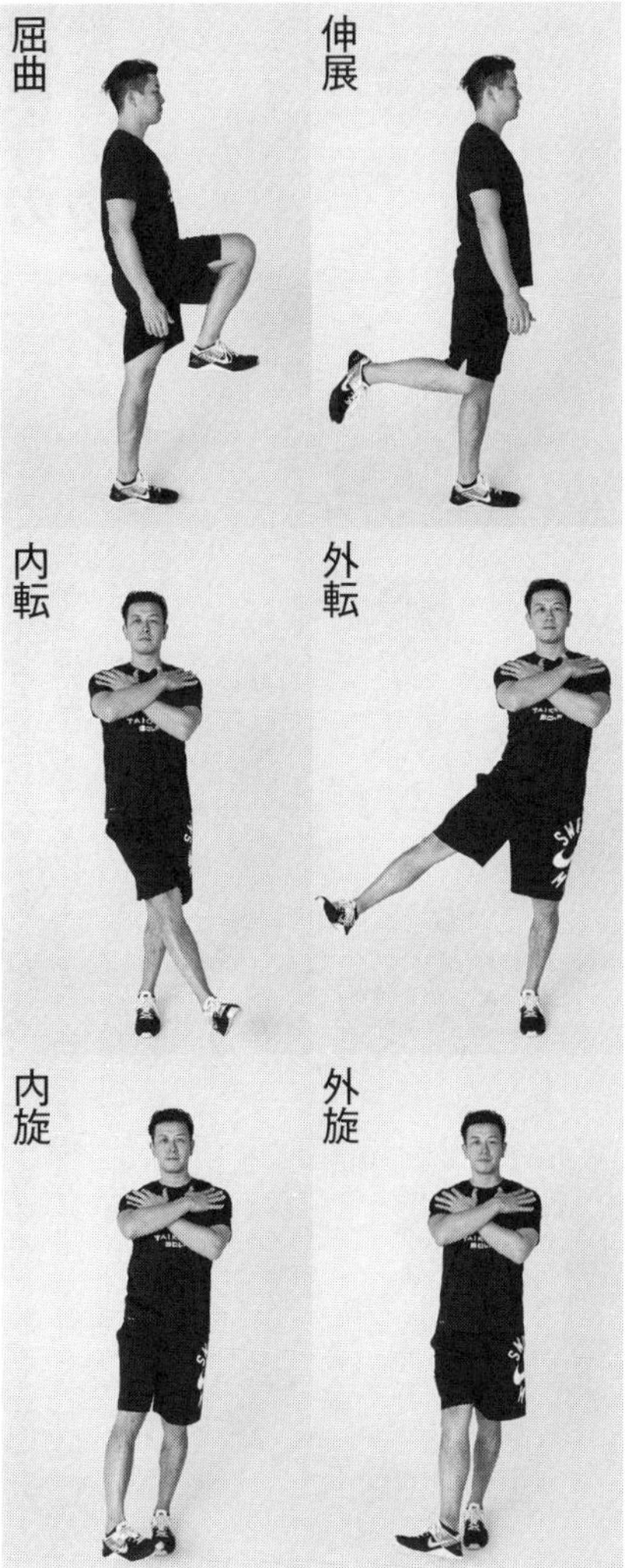

股関節は屈曲と伸展、内転と外転、内旋と外旋の運動が可能です。大腿部を前に持ち上げる屈曲は腸腰筋や大腿直筋など、後方へ伸ばす伸展は大臀筋などを使います。大腿部を外側に開く外転は中殿筋などを、内側に閉じる内転は内転筋などを使います。脚を外側に捻る外旋と脚を内側に捻る内旋の動きができます。

肩甲骨の筋骨メカニズム

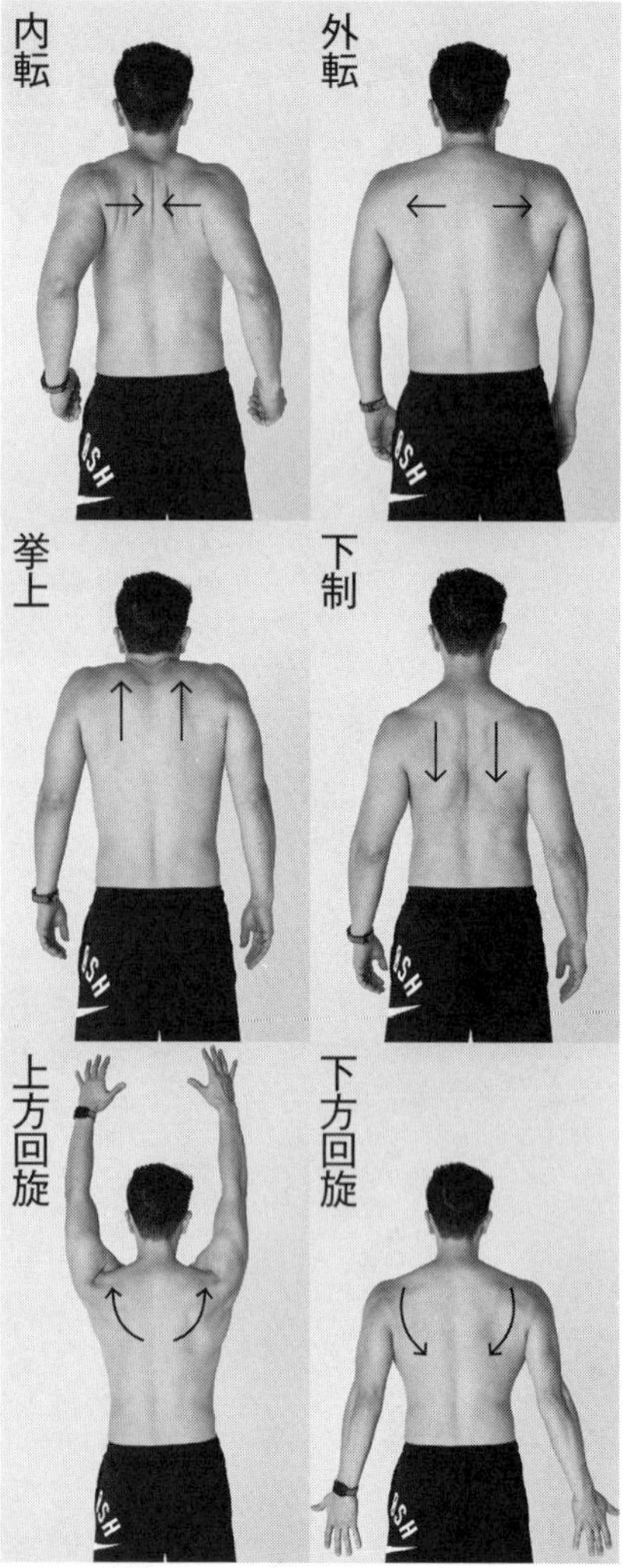

肩甲骨と鎖骨が肩甲帯を構成します。肩甲骨は胸郭の肩関節と肩甲帯が連動することによって、初めて腕の自由な動きが可能になります。また、肩甲骨の安定は肩関節を安定させ、腕のパワフルな動きを生み出します。運動としては、内転と外転、挙上（引き上げ）と下制（引き下げ）、上方回旋と下方回旋があります。

肩関節の筋骨メカニズム

肩関節は上腕骨と肩甲骨との球関節です。肩関節の動きは、前に上げた腕を上下する屈曲と伸展、横に上げた腕を上下する内転と外転、腕を内側に回す内旋、腕を外側に回す外旋があります。横に上げた腕を後方に動かすと水平伸展、前方に動かすと水平屈曲になります。

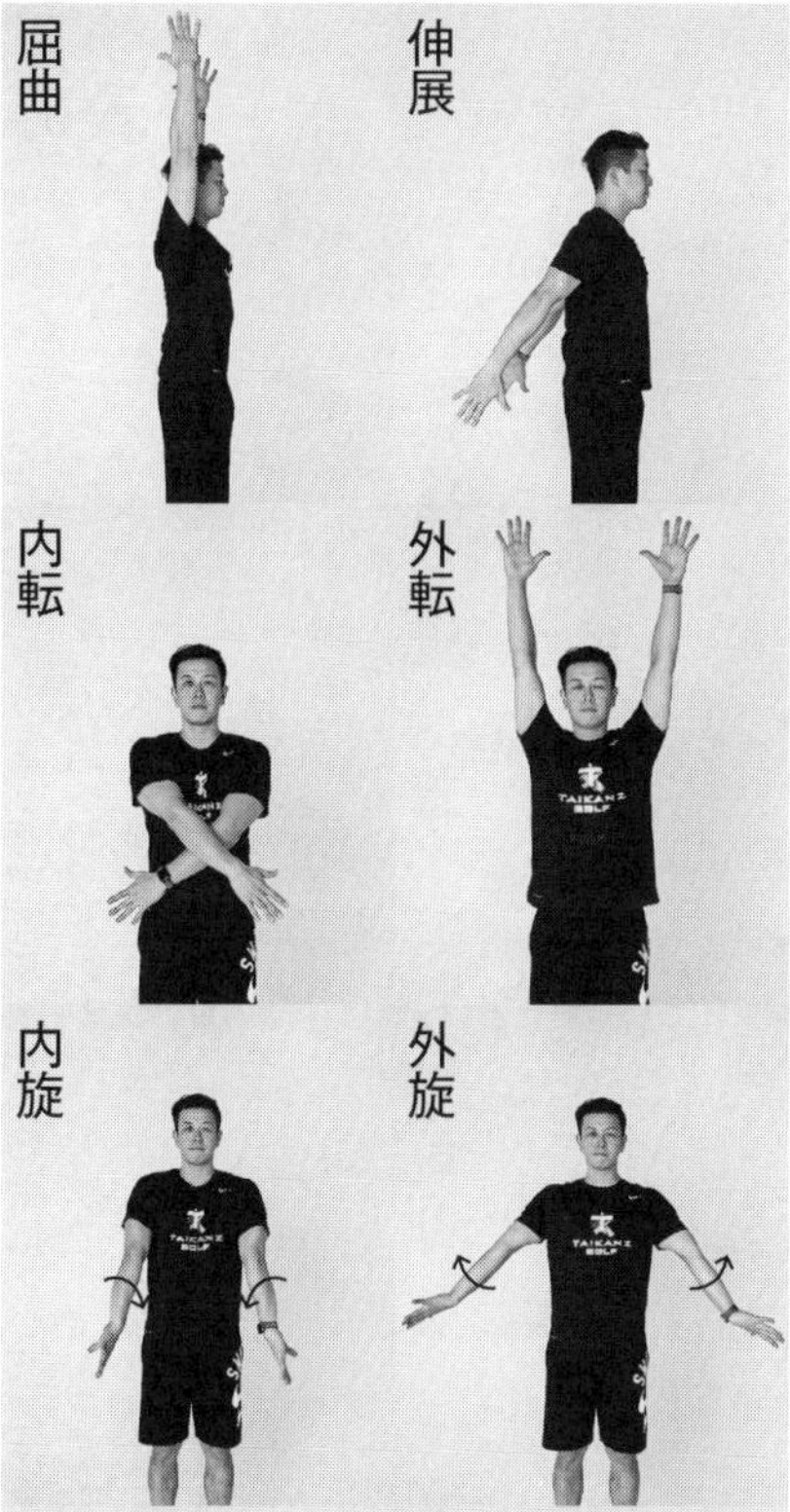

首の筋骨メカニズム

首は頸部と呼ばれ、頸椎により頭部を支え、前後左右など様々な方向へ頭部を動かすことができます。屈曲（前屈）、伸展（後屈）、側屈、回旋といった三次元の運動が可能です。屈曲と側屈、回旋は胸骨と鎖骨から耳の裏側まで続く胸鎖乳突筋などを使い、伸展は板状筋などを使います。

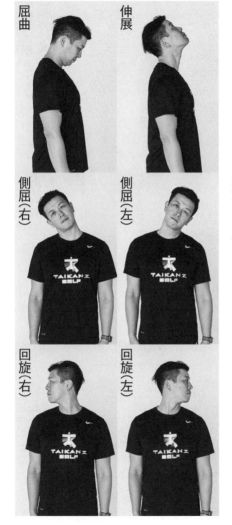

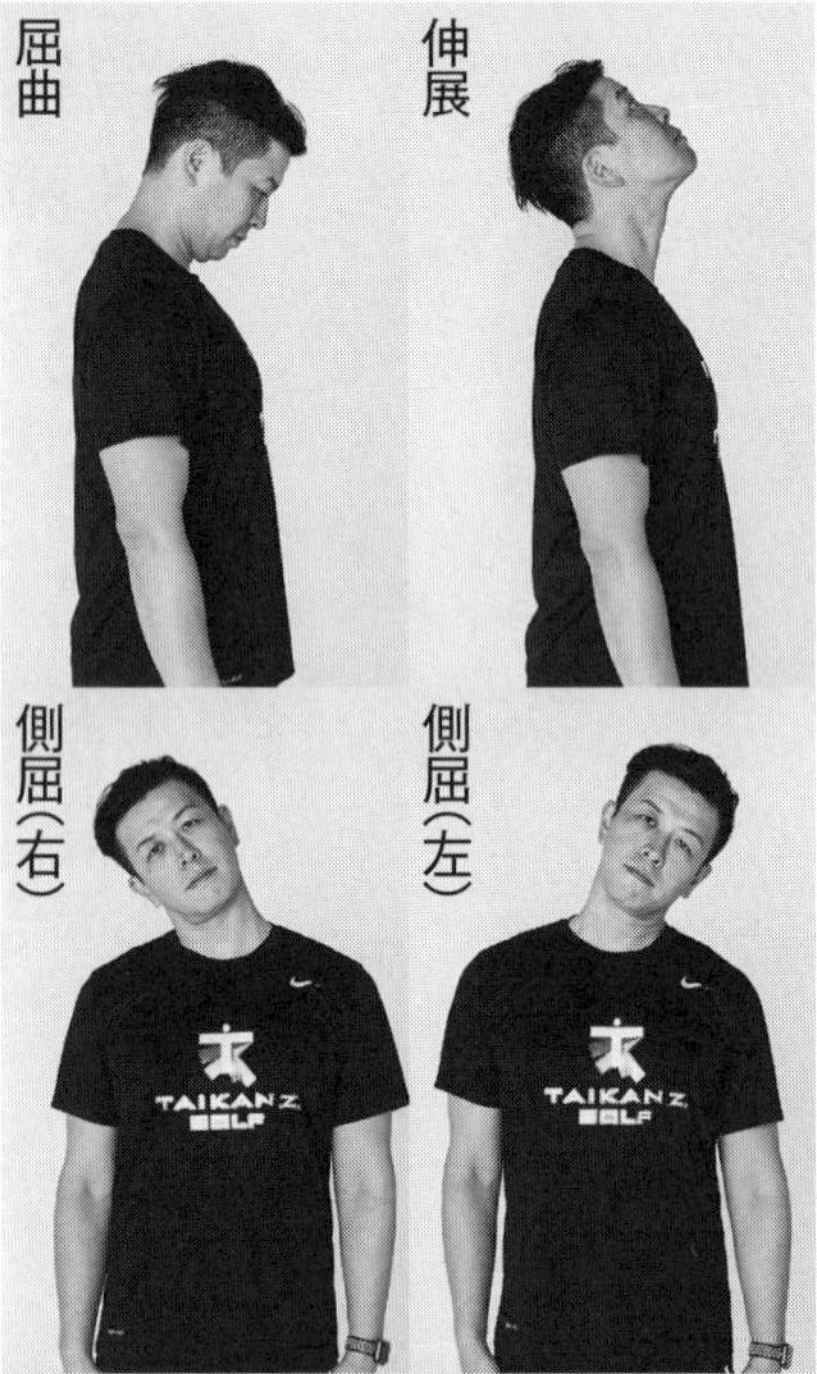

上腕、肘、膝の筋骨メカニズム

上腕は肘関節を曲げ、手の平が下に向くように動くと回内、上を向くように動くと回外となります。肘関節は曲げると屈曲、伸ばすと伸展となり、この2つの運動だけです。上腕二頭筋や上腕三頭筋などを使います。膝関節の動きは屈曲と伸展の2つ。屈曲は大腿二頭筋、伸展は大腿四頭筋などを使います。

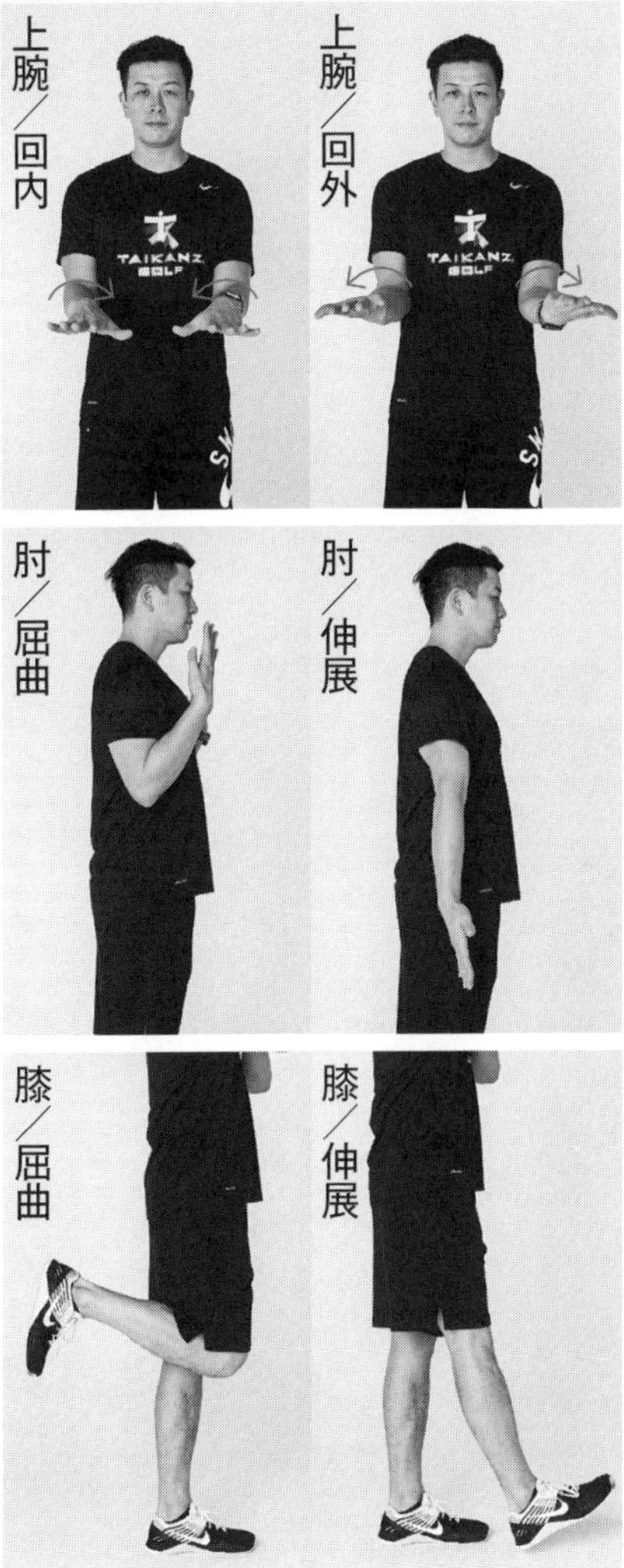

第2章

自己判断テストで自分の体幹力を知っておこう

エクササイズを始める前に自分の体幹力を知っておきましょう！

第1章で、ゴルフをするだけでなく、日々の生活を送るうえでいかに体幹力が必要であるかがおわかりいただけたと思います。

そこで、体幹を鍛えるために、すぐにでもエクササイズを行いたいところでしょうが、その前に自分の体幹力を知って欲しいと思います。どれくらいの体幹力があるのか、自己判断テストをご用意しましたので、やってみてください。この結果次第で、どれほど鍛える必要があるかということを身に染みて実感できると思います。

テストは8項目あります。

1は姿勢です。立ち姿がどれほど良いか悪いかのテストです。

2は前屈です。直立して上体を前に曲げ、手が床に付くかどうか。

3は両手を背中に回して握れるか。

4は両手を斜め下に広げて片足立ちを行います。

5は両手を挙げたオーバーヘッドスクワットです。

6はブリッジです。仰向けに寝て、お尻を上げ、片足を伸ばします。

7は椅子に座って上半身を左右に回旋します。

8は片足をつま先立ちにして左右に股関節を回旋します。

以上の8項目をそれぞれ、できる、まあまあできる、できないの3段階評価とします。3段階評価の目安は、次のページから8項目を詳しく説明していきますので、それで自己判断してください。

点数は、できるが3点、まあまあが2点、できないが1点です。8項目の合計が20点以上なら、体幹力はあるほうです。本書に出てくる最後の「コアビティ」を徹底的に行って、さらに体幹力をつけてください。15点から20点の人は本書に出てくる多くのエクササイズにトライしてください。10点から15点の人は毎日5分のエクササイズからしっかり行い、15分のエクササイズにも挑戦しましょう。そして10点以下の人。この方は体幹力がまったくと言ってよいほど衰えています。毎日5分のエクササイズでも苦しいかもしれませんが、まずは目標の回数までできるように一つひとつ頑張りましょう。

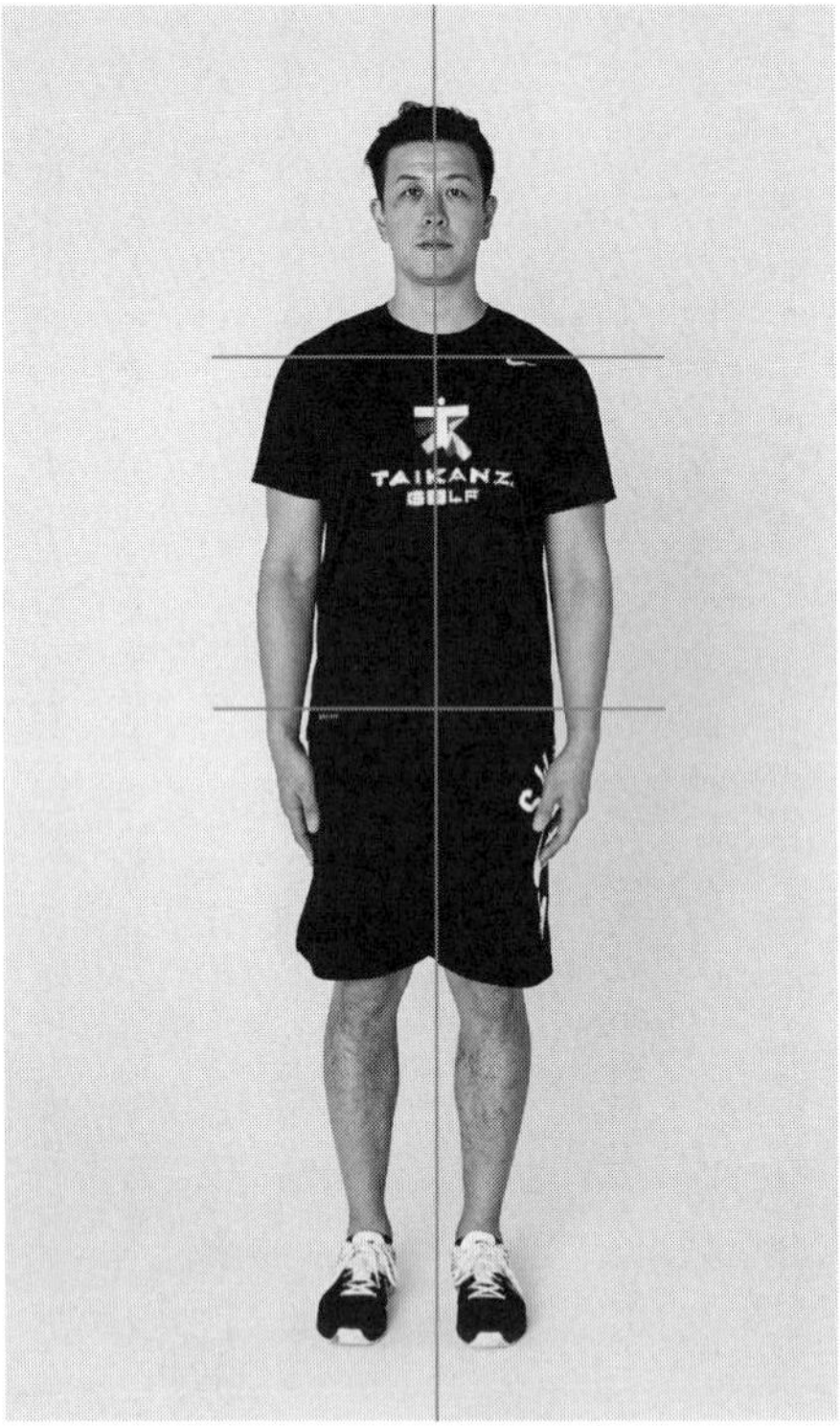

体幹力自己判断テスト①

姿勢

**直立したときに、
良い姿勢かどうか？
体幹の安定性がわかる**

自分の感覚で真っ直ぐに立ち、姿勢をチェックします。

正面から見たときに、腰や両肩のラインが傾いていることなく、背骨が垂直に真っ直ぐであり、横から見たときに、耳・肩・骨盤・膝・足首を結んだラインが一直線ならば3

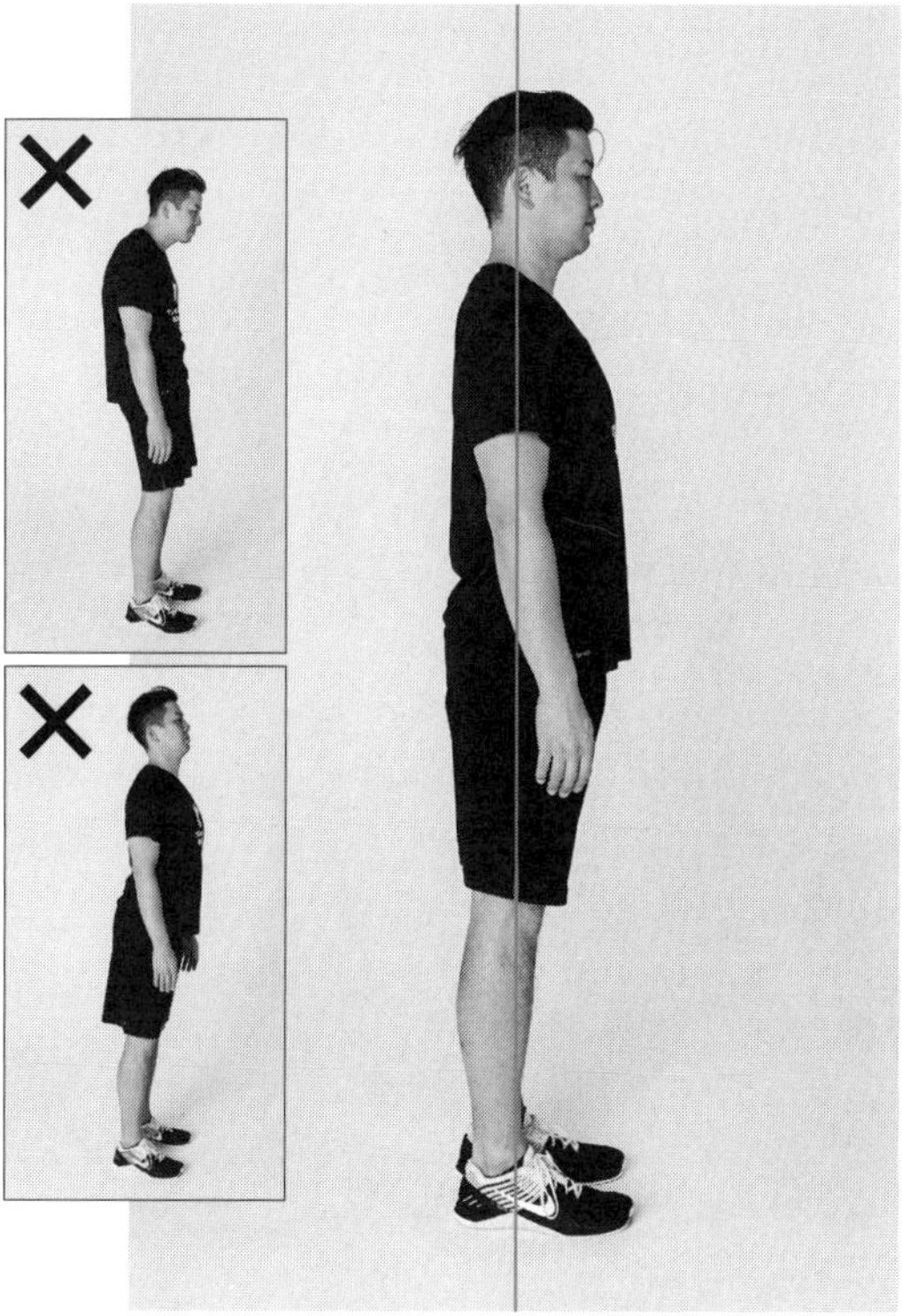

点。正しい姿勢ができています。横から見たときの背骨のS字カーブがきちんとできていることになります。

　正面から見たときにほぼ真っ直ぐに立っているが、横から見たときに、耳・肩・骨盤・膝・足首が一直線とはいえない場合は2点。

　正面から見て、腰や両肩のラインが傾き、背骨が垂直でなく、横から見たときに猫背だったり背中が反ってお尻が出ている場合などは1点。

得点
点

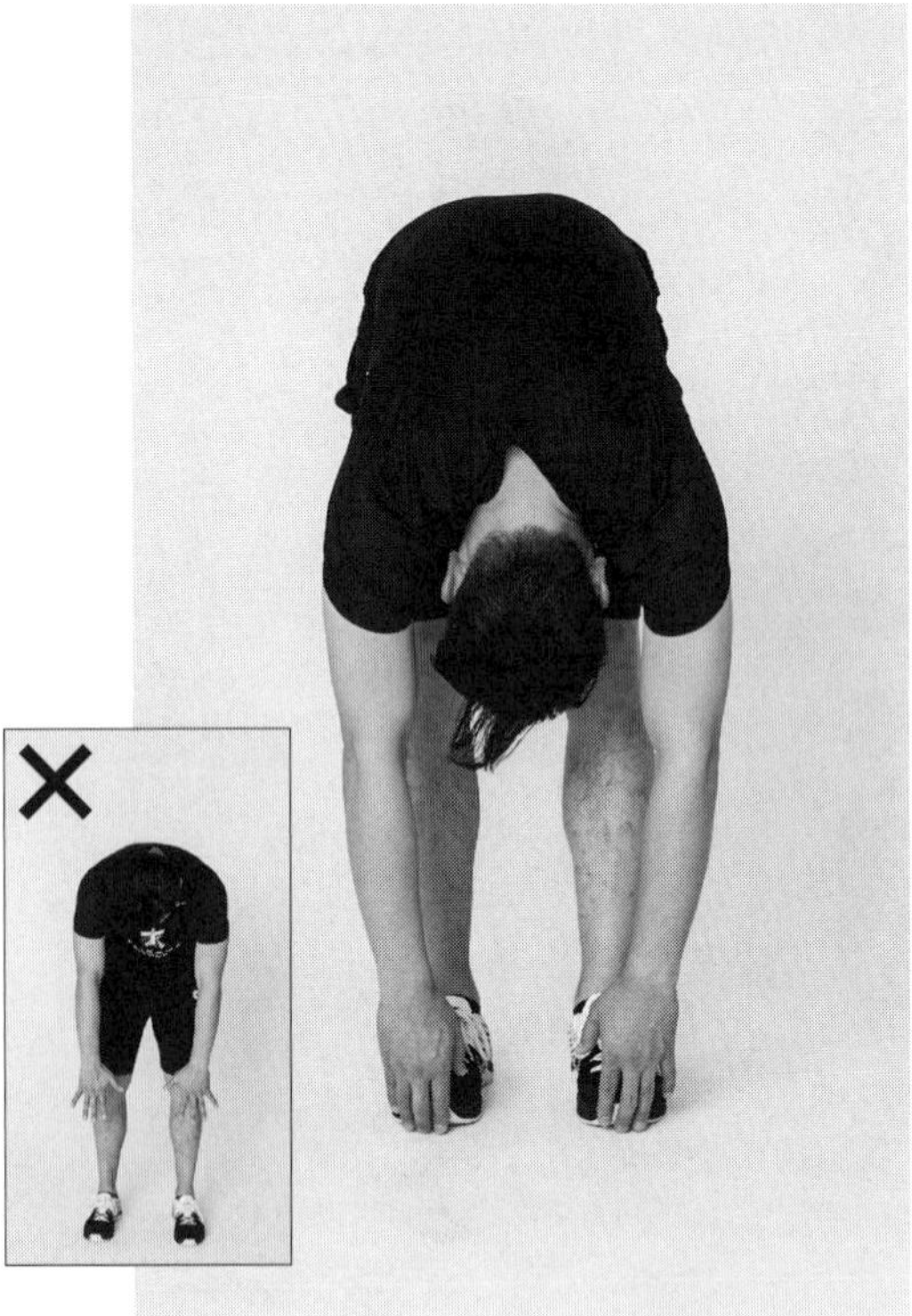

体幹力自己判断テスト②

前屈

**前屈したときに、
指先が床につくか？
背中や股関節の柔軟性がわかる**

膝を伸ばし、真っ直ぐに立ちます。

両手を前に伸ばし、上体をゆっくり前に倒しながら指先を下げていきます。

この前屈で、どこまで手を下げられるかをチェックします。

前屈して膝を曲げずに手の平全体がべたっと床につけば3点。背中から腰にかけての柔軟性が十分にあります。

前屈して膝を曲げずに指先が床につけば2点。まずまずの柔らかさです。

前屈して指先が床についていても膝が曲がっている場合や、指先が床につかない場合は1点。背中や股関節が硬く、柔軟性が衰えています。腰痛にもなりやすい体であると言えます。

得　点
点

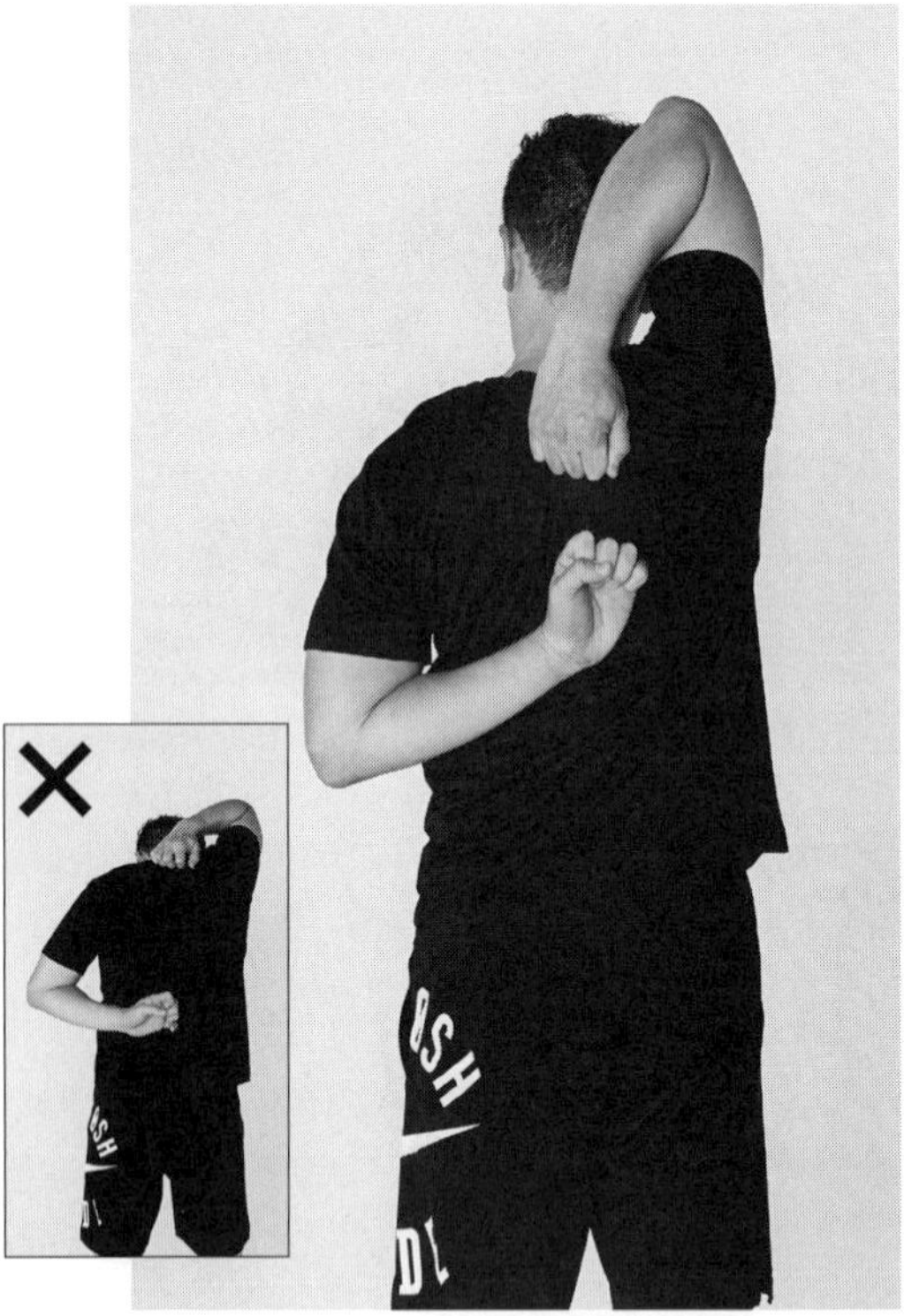

体幹力自己判断テスト③

肩

背中側で
手を楽に組めるか?
肩の柔軟性がわかる

直立し、右手を背中の上から、左手を背中の下から回し、両手を組めるかをチェックします。右手と左手を逆にして同じことをやってみます。

肩周りの柔軟性が判断できます。

両方とも無理なくこぶし1

個分近づけば3点。肩甲骨周りは十分に柔軟です。

片側はできても、逆側ができなければ2点。右も左も肩周りを柔らかくしたいところです。

両方ともできない場合は1点。肩周りが硬くなっている証拠です。それもまったくと言っていいほど、両手が離れてしまう場合は0点と言っても構いません。

ゴルフスイングでは肩周りの柔軟性はとても大切です。

得点
点

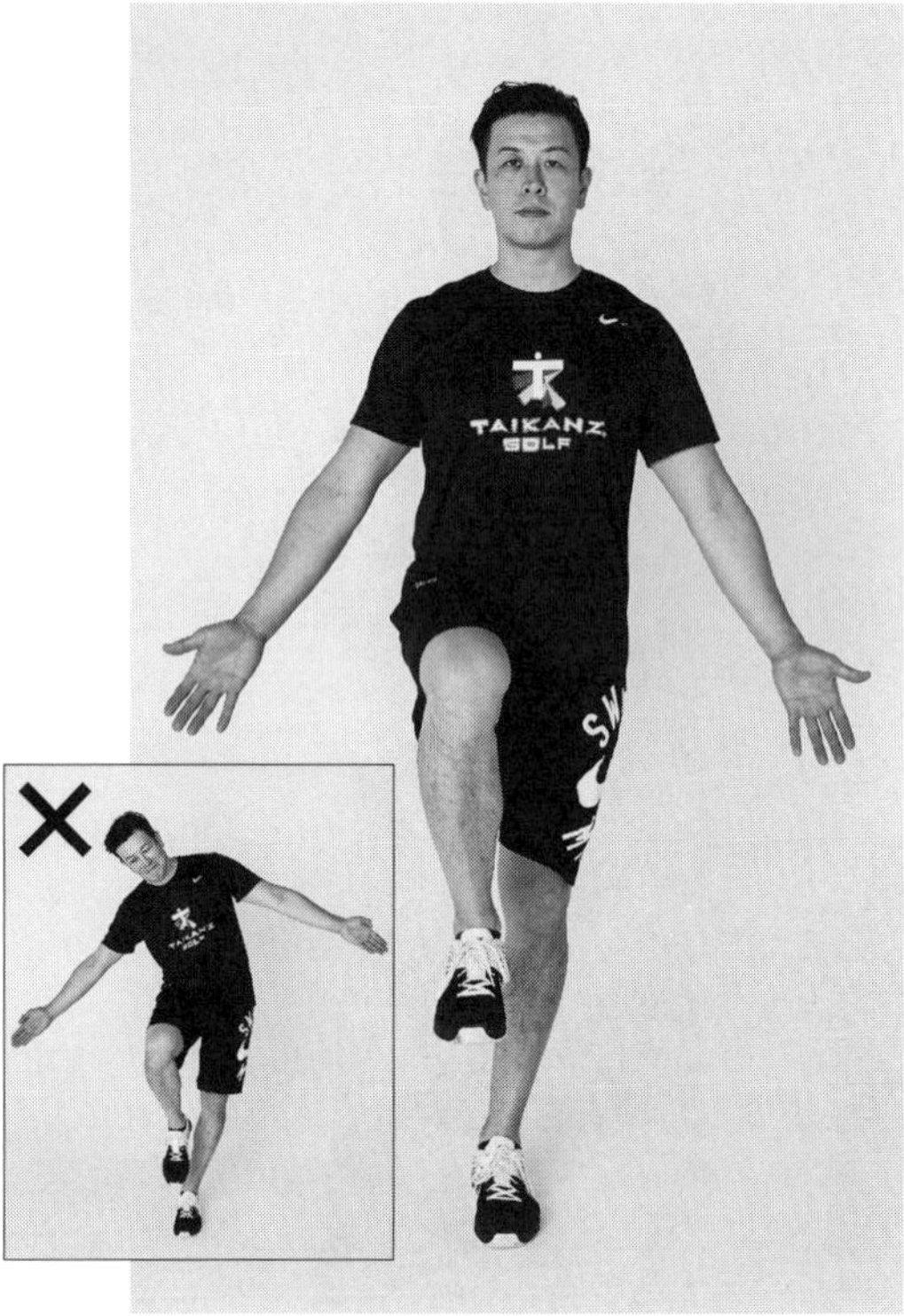

体幹力自己判断テスト④

片足立ち

片膝を上げて、
15秒立っていられるか？
体のバランスがわかる

直立し、両手を斜め下に広げながら、右膝をしっかりと上げ、左足だけで立ちます。次に、同じように両手を斜め下に広げ、今度は左膝を上げて右足だけで立ちます。いつまでぐらつかずに立っていられるかをチェックします。

　左足でも右足でも、片足で立って、15秒間ぐらつかずに立てたら3点。体のバランスはとても良いです。

　左足でも右足でも、5秒から15秒の間で、上げた足をついてしまったら2点。もう少し体全体の体幹力を鍛え、バランス力を養いたいところです。

　左足で右足でも、上体が傾いてしまい、5秒以内しか片足立ちができなかった場合は1点。

得点
点

体幹力自己判断テスト⑤

スクワット

オーバーヘッドスクワットを3回行えるか？腹筋や脚力などがわかる

オーバーヘッドスクワットは下半身の筋力や柔軟性、体幹の安定性を判断します。

両手を頭上に上げ、両足は肩幅に広げ、真っ直ぐ立ちます。つま先と膝を正面に向けます。目線を斜め下に向け、お尻を引くようにゆっくりと

しゃがみます。太ももが床と平行になるまで膝を曲げます。このときに膝がつま先より前に出ないように気をつけます。

このようなオーバーヘッドスクワットを正しく3回できたら3点。腹筋や脚力、姿勢を保つ脊柱起立筋などがしっかりあると言えます。

3回行う間に、背中が丸まってしまったり、しっかりとしゃがめなくなったら2点。

1回も行えなかったら1点。体幹力はかなり衰えています。

得点
点

体幹力自己判断テスト⑥

ブリッジ

シングルレッグブリッジが10秒間キープできるか？お尻の筋力がわかる

片足を上げるシングルレッグブリッジを行います。

仰向けになって両手を床に付け、両膝を揃えて直角に曲げます。右膝を真っ直ぐ伸ばして持ち上げ、腰をゆっくりと上げます。足首から肩までが一直線になるようにし、そ

の体勢をキープします。同じように次は左膝を伸ばします。

上記の正しい体勢が10秒間キープできたら3点。お尻の筋肉である臀筋群が働いていることになります。

10秒間できたとしても、お尻が少し下がってしまったり、足や体が横を向いてしまったら2点。

お尻が床に落ちたり、足が横を向いたり下がって、10秒間キープできなかったら1点。臀筋が衰えています。

得　点
点

体幹力自己判断テスト⑦

上半身回旋

**椅子に座って、
上半身がしっかり回るか？
上半身の捻転度合いがわかる**

椅子に浅く腰掛けて、顔を正面に向け、両手を水平に広げます。この状態から腰を動かさず、背骨を軸にして、上半身を左右交互に回旋します。おヘソから上の胸椎がきちんと捻れているかをチェックします。

背骨が垂直のまま、上半身が傾かずに、大きく回旋できていれば3点。胸や背中、脇腹の筋肉が柔軟です。上半身と下半身の捻転差が作れ、パワーの出るゴルフスイングができます。

上半身は倒れずとも、捻転が小さい人や、腰まで回してしまう人は2点。

背骨が傾き、上半身を倒して回そうとしてしまう人は1点。これでは上半身は捻転できていません。

得　点
点

体幹力自己判断テスト⑧

股関節回旋

**片足をつま先立ちにし、
腰ごと体を回せるか？
股関節の柔軟性がわかる**

股関節の回旋を行い。柔軟性をチェックします。

真っ直ぐに立ち、両手を腰に置き、右足だけをつま先立ちにします。この右足を内側に捻ります。これと同時に腰と上半身、顔を左に回します。次に逆の動き、左足をつま先

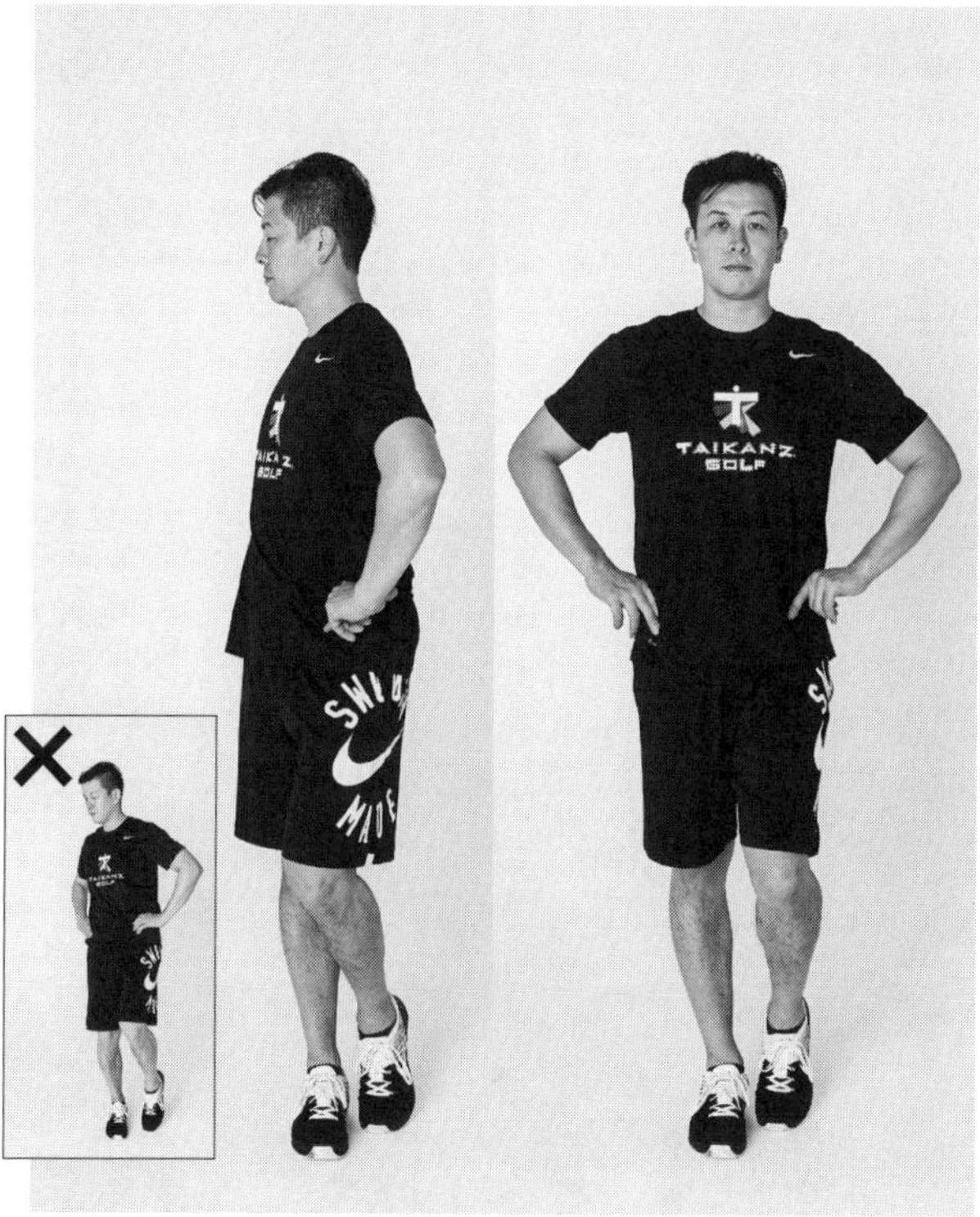

立ちにして内側にひねり、同時に腰と上半身、顔を右に回します。

上記の動作を行い、ほぼ真横まで右にも左にも回旋できれば3点。股関節の回旋は十分に柔軟です。

足も腰も体も45度くらいしか回らない場合は2点。

足も腰も体もほとんど回らずに体がのけぞってしまう場合は1点。股関節はかなり硬くゴルフスイングで体をスムーズに回すことができません。

得点
点

第3章

毎日、たった5分でできる簡単エクササイズ

中川祥太朗
なかがわ・しょうたろう。「タイカンズ」チーフトレーナー。NSCA-CSCS、NASM-PES、NLPプロフェッショナルコーチ。オリンピック選手も指導できるストレングストレーナー。これまでに1万人以上のアマチュアを指導している。

5分でできる「7つのエクササイズ」を毎日行うだけでゴルフ体幹が鍛えられ、スイングが驚くほど良くなる

最初にご紹介するのは、体幹と下半身を使った「7つのエクササイズ」です。このエクササイズをセットで行うことで体幹部分を前後左右からバランスよく整えることができます。この「7つのエクササイズ」は約5分ですべてを行うことができます。エクササイズの失敗で一番多いのは、最初から張り切り過ぎて筋肉痛を起こすほど頑張ってしまうこと。一部分の運動に偏り、筋肉のバランスを崩してしまうことなどです。最初の目標は「継続」すること、「バランス良く」行うことです。また、5分間を集中して行うことも重要です。

もうひとつ、理解して欲しいのが、この3章で行うエクササイズの本当の目的です。「体幹を鍛える」というと、筋力をアップすることと思われがちですが、導入部分でまず目指すのは体幹の安定性やバランスを整えて、良い姿勢・動きやすい体になることです。これから章を重ねるごとにステップアップするための土台作りと考えてください。

腕力や脚力を鍛えたときは、以前より重たいものが持ち上がったり高く飛べたりと、できな

かったことができるようになるので効果を実感しやすいのですが、「7つのエクササイズ」は筋肉を働かせて姿勢を整えるものなので、効果がなかなか実感しにくい側面があります。それでも、続けていると徐々に使う筋肉がわかってきて、それぞれの動作がスムーズにできるようになります。始めた頃は、グラグラしたり、腰が落ちて体が曲がったりしていたのが、意識して筋肉を働かせるようにすると、きちんとした姿勢がとれるようになります。そうなれば、最初の目標の「安定性・バランス・良い姿勢」を手に入れたことになります。

ゴルフスイングの難しさは、ミリ単位で体をコントロールしなければならないところです。ボールがきちんと当たらないのは、筋肉が不安定・アンバランスで姿勢が悪いことに多くの原因があります。このエクササイズでミリ単位でコントロールが可能な体を手に入れましょう。

7つのエクササイズ・ローテーション

毎日行って欲しい、基本の7エクササイズの順番

ペルヴィックティルト

ブリッジ

エルボープランク

サイドプランク

スモウスクワット

ランジ

サイドランジ

［ペルヴィックティルト］
骨盤を動かせるようになることで、アドレスの姿勢を良くするエクササイズ

「ペルヴィック」は「骨盤」、「ティルト」は「傾ける」という意味です。このエクササイズは、動きが小さくて写真を見ても何もしていないように見えますが、仰向けに寝た状態で体幹の筋肉を使って骨盤をコントロールするものです。誰でも簡単にできて腰痛の予防にも効果がありま す。ゴルフスイングは体幹を側屈・回旋する運動なので、歪んだ背骨のままでは腰痛の危険性が高くなります。まず最初に骨盤を動かして正しい位置にするところから始めましょう。

悪い姿勢の代表例が猫背と「反り腰」です。猫背は骨盤が前傾して背中がまるまり、首と肩が体の前に出てしまう姿勢のことです。実は姿勢を維持する腰周りの腹筋群が弱まってしまったために起こることが多いのです。また、日常生活を送る中で歪んだ姿勢を続けることによって慢性化してしまうことがあります。特にパソコンに向かってデスクワークをしている方は要

注意です。もうひとつの「反り腰」は骨盤が前傾していて、腰が常に反ってしまっている姿勢のことです。

どちらの悪い姿勢にも「ペルヴィックティルト」はお勧めです。このエクササイズを通して背骨をニュートラルポジション（＝自然な湾曲）に戻すことができます。骨盤を支える腹筋群を鍛えることで、骨盤につながる背骨を矯正し、猫背や「反り腰」などを改善しましょう。

また、体幹トレーニングを始めるにあたって、このエクササイズで呼吸法を覚えていただきたいと思います。エクササイズを行うときは、呼吸は「鼻から吸って、口から吐く」を一連の動作で行います。呼吸を行うことで、横隔膜や腹横筋などのインナーユニットと呼ばれる部位を働かせることができます。

初めて「ペルヴィックティルト」を行って、骨盤が上手く前後に動かせない方は、日常生活の中で腹筋群をあまり使っていない方です。最初は自分の意思でなかなか動かすことができないかも知れませんが、慣れてくると徐々に動かせるようになります。まずは、自分の意思で腹筋群を働かせ、骨盤を思うように動かせるようにトレーニングをしていきましょう。このエクササイズは、いわばトレーニング前の準備トレーニングの位置づけです。

ペルヴィックティルト

仰向けになり 骨盤を前後に傾ける

始めは	**10**回
慣れたら	**20**回

①床に仰向けになり、膝を立てます。膝と膝の間はこぶし1個分空けます。手は真っ直ぐ天井に向けて上げ、手の平を合わせます。鼻から息を吸いながら、お尻を床につけたまま腰を反ると、

骨盤が前傾して床と背中に隙間ができます。このとき、お尻が床から浮かないように注意します。

②口から息を吐きながら、背中を伸ばして骨盤を後傾すると、床と背中の隙間がなくなります。お腹をへこませ、背中を床に押しつけます。スタートの姿勢に戻り、息を整えます。骨盤の前傾・後傾を1回と数え、始めは10回、慣れたら20回に増やします。

■慣れてきたら膝と膝の間にタオル等を挟み、膝と膝の間を締めるようにすると、太ももの内側にも負荷がかかり、より効果が増します。

［ブリッジ］
お尻の筋肉を鍛えて、ブレない安定したスイングの土台を作るエクササイズ

「ブリッジ」は最もポピュラーな体幹エクササイズのひとつです。様々なバリエーションがありますが、その中でも安全にできて、お尻の筋肉を鍛えるのに大変有効な、肩を床につけて行うブリッジをご紹介します。

お尻の筋肉は大臀筋、中臀筋、小臀筋で構成されています。後ろに大きくあるのが大臀筋、外側にあるのが中臀筋、深部にあるのが小臀筋で、それぞれが太ももの筋肉と連動して、太ももを振る動作や、外向きに外旋する動作、脚を開閉する動作などを行います。このお尻の筋肉が衰えると走る・飛ぶ・投げる・打つなどのすべての運動のパフォーマンスが落ちてしまいます。もちろんゴルフにおいてもお尻の筋肉群は、アドレスの安定性向上だけでなく、飛距離を生み出すパワーの源でもあります。

また、お尻の筋肉の衰えや左右の筋肉の不均衡は、運動のパフォーマンスが落ちるだけでなく、骨盤の歪みも引き起こします。骨盤が歪むと、その歪みに合わせて臓器も下がってしまい機能が低下します。臓器が下がると体の新陳代謝が落ちて、太りやすくなり、歪みでできた隙間を脂肪が埋めるように蓄積していき悪循環が起こってしまいます。よく「ブリッジ」をダイエットエクササイズとして紹介されることが多いのは、骨盤の歪みが引き起こした内臓下垂による「ぽっこりお腹」を改善できるからです。

もうひとつ、ブリッジの大きな効用は、脊柱起立筋を同時に鍛えることで自然と姿勢が良くなることです。脊柱起立筋は、背骨を挟む2本の長い筋肉で、上体を起こす・反らす・捻るときに使うとても大事な筋肉です。また、日常的には姿勢の維持の役目もあり、脊柱起立筋が衰えると猫背になったりするなど姿勢が悪くなります。良い姿勢とは、背骨が自然に湾曲した状態のことをいい、体幹トレーニングを行うときは、「背骨をニュートラルポジションに保つ」といいます。これから行っていくエクササイズではこの「ニュートラルポジション＝背骨の自然な湾曲」を常に意識して行います。ステップアップする前に「ブリッジ」でお尻の筋肉群と脊柱起立筋を鍛えて、常にニュートラルポジションを維持できるようにします。

ブリッジ

**仰向けで両膝を立て
お尻を持ち上げる**

始めは	**10秒**
慣れたら	**20秒**

①仰向けに寝ます。両手は真っ直ぐ天井に向けて上げ、両手の平を合わせます。両足は膝を曲げ、足裏を床に付けます。膝と膝の間はこぶし1個分空けます。

②腹筋とお尻に力を入れて

腰を上げ、両肩・両足裏の4点で体を支えます。首の付け根・腰・両膝を結んだラインが真っ直ぐになるようにします。背骨はニュートラルポジション（自然な湾曲）になるように意識します。自然な呼吸を行い、息を止めないよう注意します。この状態で静止し、始めは10秒間維持し、慣れたら20秒間に増やしましょう。

■体幹がしっかりしていないと、なかなか姿勢を維持することができません。お腹が出っ張る、腰が沈むなどに注意し、側面から見た姿勢が綺麗な直角三角形になるようにしましょう。

［エルボープランク］
お腹周りの筋肉を鍛えて、正しい前傾姿勢をキープできるようになるためのエクササイズ

「プランク」とは板の意味です。体幹を板のように真っ直ぐにして両肘両足の4点で支えるエクササイズです。別名、フロントブリッジといい、体幹トレーニングというと、この「プランク」を思い浮かべる人が多いほど代表的なエクササイズです。「プランク」も様々な応用エクササイズがありますが、今回は初歩編として肘で体を支える「エルボープランク」から始めます。

自分の体重を両肘と両足で支えることにより、お腹の前面にある、シックスパックの筋肉として有名な腹直筋や腹斜筋、臀筋群、背中にある脊柱起立筋など姿勢を維持するために必要な胴体部分の筋肉を鍛えることができます。その他にも肩・膝・足首・股などの関節まわりの筋肉も同時に刺激し、関節を固定維持する能力も高めることができます。

このエクササイズはインナーユニットと腹筋群を共同収縮させるものです。体幹部分の姿勢

の維持やブレない軸をもたらします。つまり、ゴルフスイングにおいて、アドレスからテークバック、ダウンスイング、インパクト、フォロースイングまですべての動作に関わります。また、スイング中、前傾姿勢を保たなければならないわけですが、その姿勢の維持にも大事な役割を果たします。したがって、腹筋群を鍛えることはスイング作りにとって大変重要です。

「プランク」は頭からお尻までを真っ直ぐ保って行いますが、エクササイズ中、背骨を真っ直ぐにするということではありません。背骨は「ニュートラルポジション＝背骨の自然な湾曲」の状態を常に保つことが重要です。この背骨の「ニュートラルポジション＝背骨の自然な湾曲」を保つことはすべてのエクササイズに共通事項です。

また、できれば普段の生活の中でも背骨を意識していただくと良いと思います。猫背、反り腰などの方は、体幹の衰えから姿勢の悪さが習慣化してしまったので、逆に正しい姿勢を意識するだけで、腹筋群や脊柱起立筋などの姿勢を維持する筋肉を刺激して、徐々に良い姿勢に変化します。

「プランク」は静止したまま行うので簡単そうに見えますが、実際にはかなりきついエクササイズになります。最初は無理をせず、正しい姿勢をとることに意識を集中して行いましょう。

エルボープランク

うつ伏せになり
背中を床と平行に保つ

始めは	10秒
慣れたら	20秒

①うつ伏せになり、つま先を床につけます。上体を起こし肘を直角に曲げ、床につけて体を支えます。肘の位置は肩の下になるようにします。肩と肘を結んだ線が床と垂直になるように調

整してください。

②体幹を安定させ、両足を伸ばし、両肘・両つま先の4点で体を支えます。首の付け根と尾てい骨を結ぶラインが床と平行になるようにします。背骨はニュートラルポジション（自然な湾曲）を維持します。この状態で10秒間静止します。自然な呼吸を行い、息を止めないよう、注意します。

■体がきつくなると、自然と楽な姿勢をとりがちになります。正しい姿勢を維持できないと効果が半減しますので、腰が下がる・上がる、背中が丸まる・反るなどに気をつけます。

［サイドプランク］

両脇腹も鍛えて、体幹を前後左右からバランスよく強化するエクササイズ

「サイドプランク」は「プランク」の応用型で、通常の「プランク」が体をうつ伏せにして行うのに対して、「サイドプランク」はお腹を正面に向けて横向きになって行うものです。横方向からの自分の体重による負荷に対して姿勢を維持するので外腹斜筋やお尻の中臀筋を鍛えることができます。「ブリッジ」「プランク」と合わせて「サイドプランク」を行うことで、お腹周りの筋肉を前後左右からバランス良く鍛えることができます。

体幹トレーニングの目的は筋肉を大きくしてムキムキの体を作るのではなく、しっかりした体幹を作ることで、安定した筋力や正しい姿勢がとれるようになることを目的としています。一方向から特定の部位を鍛えるのではなく、複数のエクササイズをバランス良く行うことが重要です。

「サイドプランク」で鍛える腹斜筋は、腹部の筋肉のうち、肋骨から骨盤に斜めに向かって走る筋肉です。主な役割としては、胴体を前屈させる動作、胴体を側屈させる動作（前方を向いた状態で体を横に倒す動作）、胴体を回旋させる動作（体を捻って後ろを振り返る動作）などになります。ゴルフスイングで重要な体幹の側屈・回旋運動は、この外腹斜筋によるところが大きいのです。

「サイドプランク」も前述の「ブリッジ」や「プランク」と同様、関節を動かす動作を行わず、一定の姿勢を維持しながら筋肉が力を出し続けるエクササイズで、このようなトレーニングを「アイソメトリック」と言います。アイソ＝等しい、メトリック＝長さの意味で、筋肉が長さを変えないでパワーを出し続けるトレーニングになります。

わかりやすい例でいうと、壁を両手で思いっ切り押したときです。筋肉の長さは変えませんが、フルパワーを出し続けている状態などを指します。主に体幹の安定性を鍛えるときに効果を発揮するといわれています。

各エクササイズの動作説明で、行う量を回数ではなく秒数で表示しているエクササイズが「アイソメトリック」になります。

サイドプランク

**横向きになり
片肘で上体を支え
体を真っ直ぐに保つ**

始めは	左右　各**10秒**
慣れたら	左右　各**20秒**

①左手が下になるように横たわります。左肘を床につけ上体を起こします。肘から手の平を真っ直ぐにして肩と肘を結んだ線が背骨と十字になるように調整してください。

②腹筋に力を入れて腰を上げ、左肘・両足側面の3点で体を支えます。右手は背骨と直角になるように天井に向けて伸ばします。後頭部・腰・両かかとを結んだラインが真っ直ぐになるようにします。この状態を10秒間維持します。自然な呼吸を行い、息を止めないように注意します。

③④次に、体を入れ替えて、右手下で同じ動作を10秒間行います。■体幹がしっかりしていないと、自然と腰が下がってきて姿勢を維持できません。腰が下がる・上がるなどに注意しましょう。

［スモウスクワット］

下半身を中心に全身をバランス良く鍛えるエクササイズ①

「スクワット」は、主に下半身の強化を行うもので、姿勢を維持することで体幹の安定性を得られる王道のエクササイズです。下半身を鍛えるのでゴルフはもちろん、様々なスポーツのパフォーマンス向上に最適です。

「スクワット」はメジャーなトレーニングなので様々なバリエーションがありますが、初めて行う方にお勧めなのが「スモウスクワット」です。通常の「スクワット」に比べ足を広く開き、相撲の四股のように体を上下させます。足幅を広くすることにより、姿勢を維持したまま膝を曲げやすく腰を落としやすくなります。

「スクワット」で鍛えるのは、太もも前面の大腿四頭筋、太もも裏側のハムストリング、お尻の臀筋群、ふくらはぎのヒラメ筋と腓腹筋、下半身全体の筋肉となります。

大腿四頭筋とハムストリングは共に膝を伸ばす・曲げるなどの動きに用いられるもので、歩く・走る・ジャンプするなどの動作に重要な役割を果たします。両方とも人体で最も大きな筋肉であり、これを鍛えることにより基礎代謝が向上しダイエット効果も期待できます。また、臀筋群を鍛えることで、股関節を安定させ、全身のバランス感覚を格段に向上させることができます。

さらに、「スモウスクワット」は、脚を開くことにより、太もも内側にある内転筋も鍛えることができます。ゴルフスイング時の姿勢の維持やバランスをとる役割があります。

「スクワット」は効果の高いエクササイズですが、股関節や膝を曲げる動作を伴うので、動作姿勢が悪いとケガをする危険があります。正しい姿勢をとるための注意点を次にまとめますので、エクササイズを行うときに確認しながら行ってください。

①重心は体の真ん中に置くこと。左右均等に負荷がかかるようにします。②つま先と膝の向きを揃える。つま先と膝の向きが違うと膝関節がねじれて故障の原因になります。③膝だけでなく股関節も十分に曲げること。膝がつま先より前に出てしまう場合は股関節が十分曲がっていません。膝だけで屈伸すると膝を痛めますので注意してください。

スモウスクワット

スモウの四股の要素を取り入れたスクワット

始めは	8回
慣れたら	16回

①直立の姿勢から両足を肩幅より広く開きます。つま先と膝を八の字に開き、両手は体の正面で組みます。
②腹筋に力を入れ、鼻から息を吸いながら、膝を曲げ上体を徐々に沈めます。背

骨はニュートラルポジション（自然な湾曲）を維持し、お尻を後方に引き骨盤を前傾してバランスをとります。膝がつま先よりも前に出ないように気をつけます。太ももが床と平行になるまで曲がったら、口から息を吐きながら上体を持ち上げ、スタートのポジションに戻ります。上り下がりを1回と数え、最初は8回、慣れてきたら16回行います。

■太ももが床と平行にならない場合は、できるところまで膝を曲げるようにしましょう。太ももが床と平行になるようになったら回数を徐々に増やしましょう。

［ランジ］下半身を中心に全身をバランス良く鍛えるエクササイズ②

「ランジ」は下半身トレーニングの基本的種目のひとつです。

この「7つのエクササイズ」では自分の体重を使って、家でも簡単に行える「ランジ」をご紹介します。

「ランジ」は下半身の筋肉トレーニングでは「スクワット」と同じくらいポピュラーです。「スクワット」は両足を左右横に開いて支持基底面（体を支えるため床と接する面）に行うものですが、それに対して「ランジ」は前後縦に足を開いて行うので、バランス力を養いながら下半身を強化できます。また、難しいフォームを習得する必要がなく、自分の体重を使って行う場合は安全性が高く、初心者でも気軽に取り組むことができます。

「ランジ」で鍛える筋肉は大腿四頭筋、ハムストリング、臀筋群などで、「スクワット」と同様、下半身を中心に体幹部分の筋肉をバランス良く鍛えていきます。「スクワット」は両足に負荷が同じようにかかりますが、「ランジ」は前足と後足の負荷のかかり方が変わるので難度が高くなります。

「ランジ」を行う際に気をつけることは「スクワット」と同様です。

まず、腰を落としてお尻が最下点に到達したとき、膝がつま先より前に出ないように注意しましょう。膝がつま先より前に出てしまうほど、膝を曲げるときに膝への負担が大きくなり過ぎてしまいます。

また、動作中、左右のつま先がしっかり前正面を向いているようにしましょう。つま先が正しく前を向いていないと、脚の付け根も歪んでいることになり、股関節が捻れたまま動くので、関節とそれにつながる筋肉に負担がかかり故障の原因にもなります。

勢いや反動をつけずに各動作を行いましょう。特にお尻を落とすとき、上に持ち上げるときなど、自分の体重が大きくかかるときは気をつけましょう。勢いや反動をつけることで、自分の体重より何倍も負荷がかかり、股関節や膝に負担をかけ過ぎてしまいます。そのため、「ランジ」のエクササイズはゆっくりと気をつけながら行うことが大切です。

ランジ

片足を一歩半前に踏み込み上体を上下する

始めは	左右	各**8回**
慣れたら	左右	各**16回**

①直立の姿勢から両足を腰幅に開きます。両手は体の正面で組みます。右足を一歩半前に踏み出します。
②鼻から息を吸いながら、右股関節と膝を直角に曲げていき、右太ももの裏が床

と平行になるまで腰を落とします。このとき、右膝がつま先より前に出ないように注意します。左足は腰が落ち切ったときに、太ももの表とふくらはぎが十分伸びていることを意識します。口から息を吐きながら、右足を伸ばし、スタートのポジションまで戻ります。
③④上下で1回と数え、右足だけを連続して8回行い、右足が終了したら左足を8回連続して行います。
■動作中、上体は常に直立を保ち、背骨はニュートラルポジション（自然な湾曲）を維持し、背中が丸まる・反るなどに注意します。

［サイドランジ］下半身を中心に全身をバランス良く鍛えるエクササイズ③

「サイドランジ」は「ランジ」のバリエーションのひとつで、脚を横に開いて、横への動作を行うので、内転筋と臀筋群を主に鍛えるエクササイズです。

内転筋はももの内側の筋肉で、脚を内側に締めたりひねる動作、脚を外側にひねる動作などに関与します。この内転筋と臀筋群は骨盤を安定させる筋肉なので、ここが弱いとバランスが上手くとれなくてグラグラしてしまいます。

エクササイズの注意点は「ランジ」と共通ですが、もうひとつ気をつけたいのが姿勢です。背中が丸まった状態だと、股関節が後傾してしまい、そのまま脚を広げると股関節や腰を痛める原因になります。背中を伸ばして骨盤をニュートラルポジションにしてから動作を行ってください。

「サイドランジ」は「スクワット」「ランジ」とともに膝関節や股関節など複数の関節が動作する「多関節種目」に属します。「多関節種目」の定義は、動作に2つ以上の関節動作が含まれる筋トレ種目を指し、それぞれの動作及び関節に関わる複数の筋肉を同時に鍛えるものです。関節につながる様々な筋肉を合わせて強化できるので、筋力アップだけでなく、動作の質も高まりパフォーマンスをあげることができます。

反対に、ジムの筋トレマシーンのように単関節の動作だけで行う筋トレ種目を「単関節種目」といいます。「単関節種目」はひとつの関節動作とそれにつながる筋肉を隔離(＝アイソレート)して繰り返し動作で鍛えるものです。どちらも筋トレメニューとしては重要ですが、ゴルフスイングは複数の関節の動きを制御しながら行うものなので、ゴルフ体幹を鍛えるには、この「多関節種目」はより適していると言えます。

「多関節種目」を行うときに気をつけたいのは、動作に関わる様々な筋肉をトレーニングするので、全体としては余裕があっても、副次的に関わる1カ所の筋肉がオーバーワークとなり故障の原因になってしまうことです。くれぐれも無理をせず、エクササイズに取り組んでください。

サイドランジ

**片足を一歩横に踏み込み
上体を上下する**

始めは	左右	各**8回**
慣れたら	左右	各**16回**

①直立の姿勢から両足を肩幅の広さに開きます。両手は体の正面で組みます。左足を一歩横に踏み出します。このとき、両つま先は広げず前方に向けておきます。

②鼻から息を吸いながら、

❷

❸

左足に重心を移し、膝を曲げ腰を落とします。このとき、左膝がつま先より前に出ないように注意します。右足は真っ直ぐ伸ばし、太もも内側を十分伸ばします。口から息を吐きながら左足を伸ばしていきます。このとき、左足だけで体を支えます。

③上下を1回と数え、左足だけで連続して8回行い、左足が終了したら右足を8回連続して行います。

■動作中、上体は常に直立を保ち、背骨はニュートラルポジション（自然な湾曲）を維持し、背中が丸まる・反るなどに注意します。

第4章

毎日15分、しっかり続けたい体幹エクササイズ

管野晶彦
かんの・あきひこ。「フィットネス&スパ　ライフウェル浜松」トレーナー。介護予防運動指導士、NESTA-GCS（全米エクササイズ&スポーツトレーナー協会公認ゴルフコンディショニングスペシャリスト）など多くの資格を持つ。爽やかなルックスの人気トレーナー。

「7つのエクササイズ」で動ける体の土台作りをしたら、エクササイズを追加してステップアップする

第3章の「7つのエクササイズ」で良い姿勢や動きやすい体を実感できるようになったら、「10＋1のエクササイズ」を追加して、本格的な体幹トレーニングに取り組みましょう。全部で18項目と倍増しますが、すべて行っても15分でできます。また、ウェイトによる負荷をかけないので、慣れてきたら毎日行うことができます。リビングなど家の中でいつでもできるので、時間帯を決めて習慣化して行うとより効果的です。

エクササイズの順番は「7つのエクササイズ」と混合して行います。仰向けからスタートし、うつ伏せ、横向きと進み、最後は立位でジャンプして終わります。番外で肩甲骨まわりの柔軟運動も行います。最初の7つと比べるとかなり運動量が増えて、最初は辛く感じるかもしれませんが、土台作りができているのですぐに慣れます。最初は項目ごとの量を減らしても18項目すべてを行うようにして、徐々にそれぞれの回数や静止秒数を増やしていきます。

気をつけたいのは、項目が増えるのでただこなすことが優先され、一つひとつの動作がおざ

なりになってしまうことです。大事なことは、それぞれのエクササイズでインストラクターの写真と同じ姿勢をとることができるかです。背骨が自然な湾曲を保っているか、腰や腕の角度は適正か、しっかり意識しながら集中して行ってください。

毎日15分行えば1カ月後にははっきりとした効果が表れます。体幹の筋肉のバランスが良くなり、姿勢をミリ単位でコントロールできるようになります。

最後に番外編で「立甲」を加えたのは、ゴルフスイングにとって肩甲骨周りの柔軟性はとても重要だからです。肩甲骨まわりが硬いと良いスイングができないばかりか、そのままゴルフを続けると故障にもつながりかねません。「立甲」は簡単にできるので、エクササイズ以外でも空いた時間を使って行ってみてください。

18のエクササイズ・ローテーション

基本の7つに新しい10+1の、18の順番を覚えて実践

❽
シングルレッグスクワット
❻
ハムストリングヒールカール
⑤
スモウスクワット
❾
オルタネイトスティフデッドリフト
⑥
ランジ
❿
ジャンピングジャック
⑦
サイドランジ
番外
立甲
❼
スクワット

キャット&ドッグ

**四つん這いになり
背中を丸めたり
反らしたりする**

始めは	8回
慣れたら	16回

背骨が歪んでいると正しいアドレスは望めません。このエクササイズは背骨の正常な状態（ニュートラルポジション=自然な湾曲）を意識できるようになり、姿勢を改善します。

①四つん這いになり、両手と両足を肩幅に開き、指先は前方に向け、膝は直角に曲げ、つま先を床につけます。背骨はニュートラルポジションを意識します。
②口から息を吐きながら、背中を丸め骨盤を後傾し、お腹を引っ込め、背中を丸くします。背中が上がり切ったところで3秒止めます。
③鼻から息を吸いながら、背中を反らし骨盤を前傾し、お腹を突き出します。このとき肩甲骨を狭めるようにします。反り切ったところで3秒止めます。繰り返し行ったら、背中を①のポジションに戻します。

ソラシック ローテーション

四つん這いになり 片手を上げ 背中を軸にツイスト

始めは	左右	各**8**回
慣れたら	左右	各**16**回

胸まわりの背骨（胸椎）の回旋の動きを向上させます。

①四つん這いになり、両腕と両足を肩幅に開きます。指先は前方に向け、膝を直角に曲げ、つま先を床に付

❸

❹

けます。右手を上げ、手の平を頭の後ろに添え、左手で上体を支えます。口から息を吐きながら、右肘を下ろし、胸を左に向けます。このとき、肩甲骨を広げる意識を持ちます。腰から下をしっかり固定して、背骨を軸にツイストするように行います。

②鼻から息を吸いながら、右肘を上げて胸を右に向けます。このとき、肩甲骨を中央に寄せる意識を持ちます。

③④肘の上下を1回として右だけを連続8回行います。次に左手を上げて同様の動作を連続8回行います。

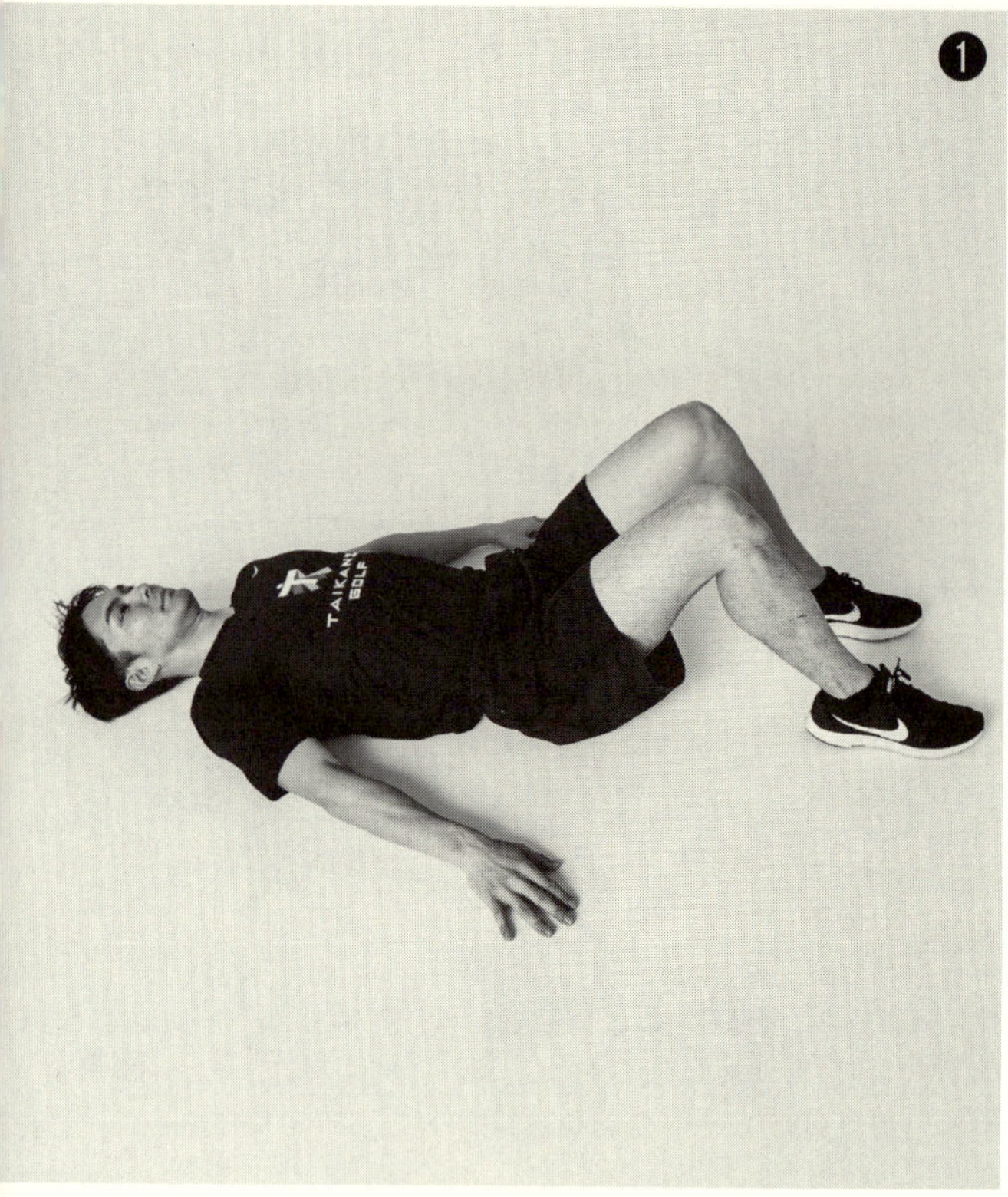

ニーロッキング

**仰向けになり
曲げた膝を左右に倒す**

始めは	8回
慣れたら	16回

腹筋や腹斜筋が鍛えられ、同時にお尻から腰・股関節までがストレッチされるため、股関節の動きを良くします。

①仰向けになり、両手を八の字に広げ、手の平を床に

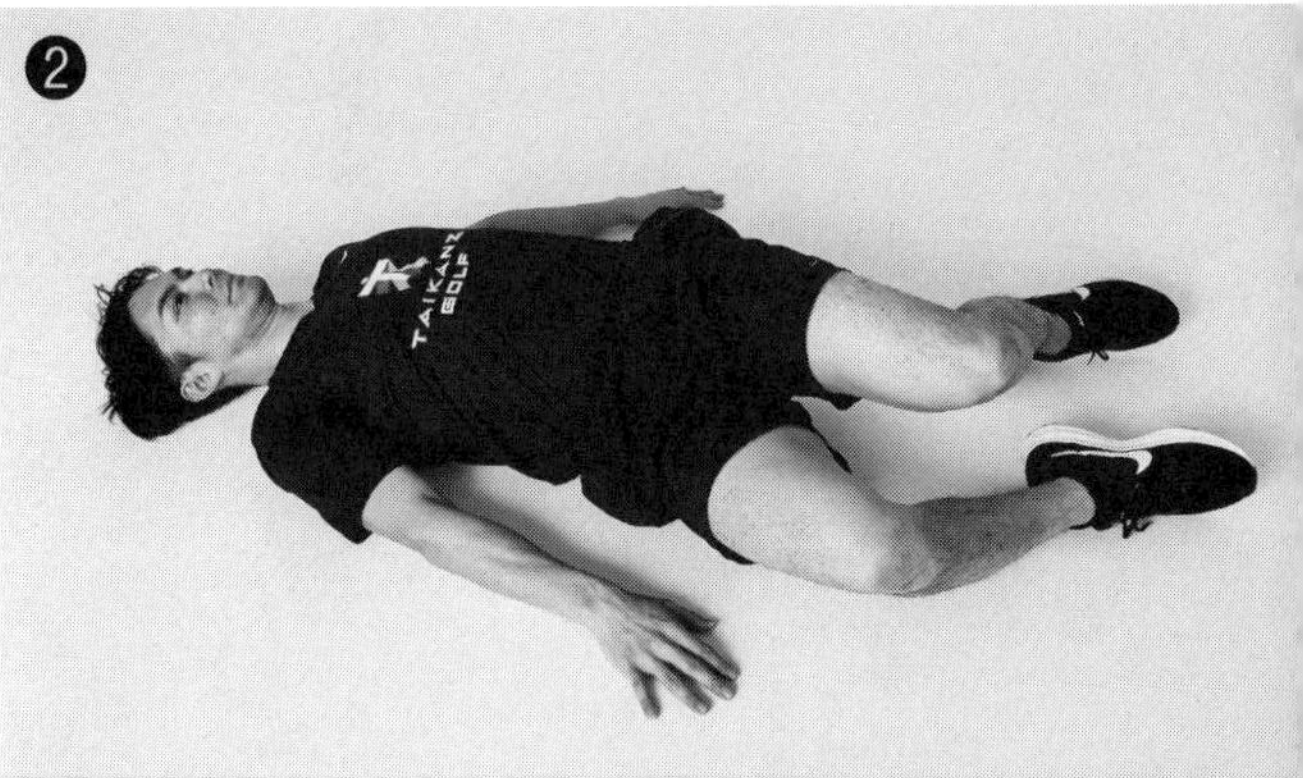

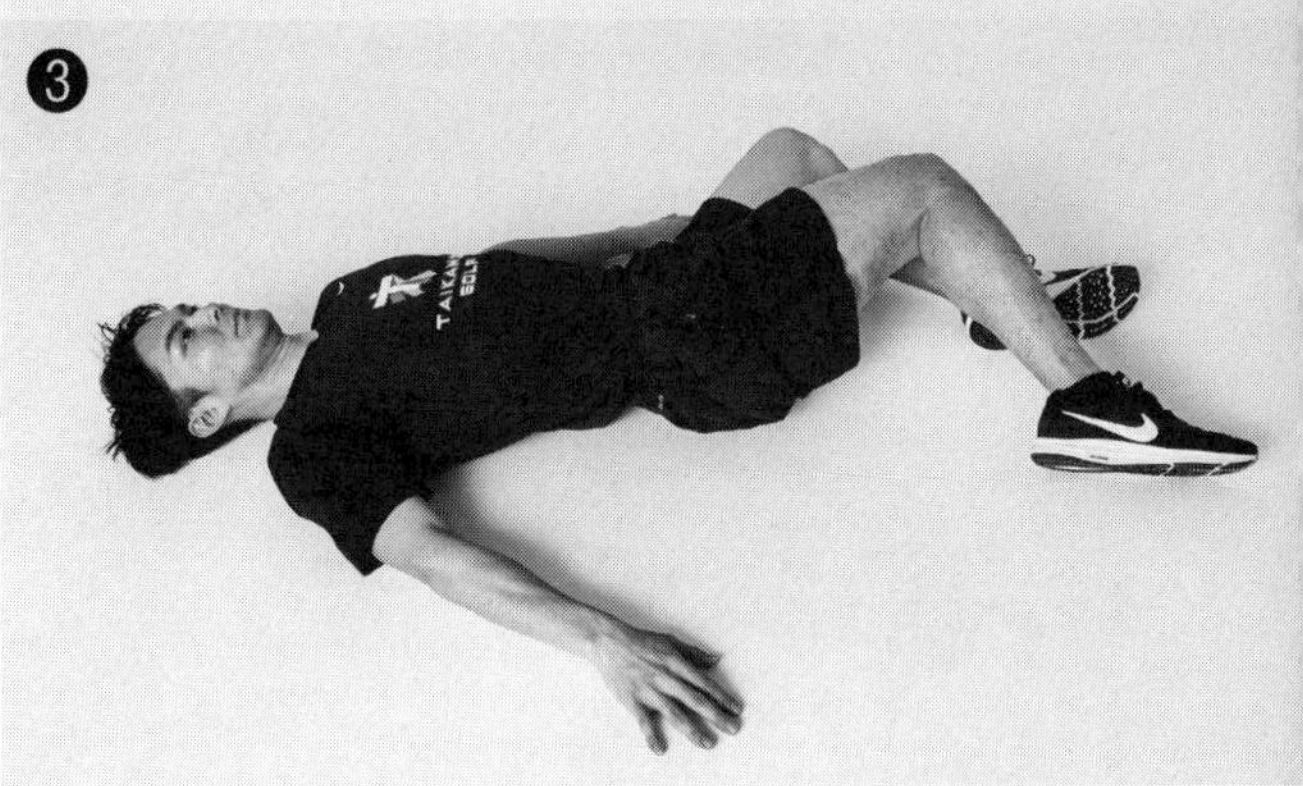

つけ、お腹を引っ込ませます。両足は腰幅に開き、両膝を揃えて直角に曲げます。
②鼻から息を吸いながら、揃えた両膝を右に傾けていきます。腰が浮かないところまで傾けて止めます。反動や勢いをつけず、あくまでゆっくりと行ってください。口から息を吐きながら、ゆっくりと膝を上げていき、スタートのポジションまで戻します。
③右が終わったら、続けて同様の動作で左に倒していき、倒し切ったら膝を上げて①のポジションまで戻します。左右往復を1回と数えて8回行います。

シングルレッグブリッジ

仰向けになり
片足を上げ
お尻を持ち上げる

始めは	左右　各**10秒**
慣れたら	左右　各**20秒**

お尻の筋肉、大臀筋を鍛えるエクササイズです。大臀筋は姿勢の維持に大きく関係しています。姿勢を良くしてアドレスやスイングを改善しましょう。

①仰向けになり、両手を八

の字に広げ、手の平を床に付けます。お腹を引っ込ませて、両膝を揃えて直角に曲げます。膝はバランスのとりやすいようにこぶし1個分離します。この状態から、右足の膝を真っ直ぐ伸ばして持ち上げます。
②お尻に力を入れながら腰を上げ、足首から肩までがすべり台のように1直線になるようにします。この体勢を10秒間キープします。自然な呼吸を行い、息を止めないようにします。
③④右足が終わったら、一旦スタートのポジションに戻り、続けて左足を上げて10秒行います。

サイドプランク・サイドベント

横向きになり、上体を片肘で支えて腰を上げる

始めは	左右	各**8回**
慣れたら	左右	各**16回**

サイドプランクとサイドベントの複合エクササイズです。肩・背中・腹斜筋・中臀筋等を鍛えることができます。中殿筋で骨盤を安定させた体幹の運動は、スイングの始動をスムーズに

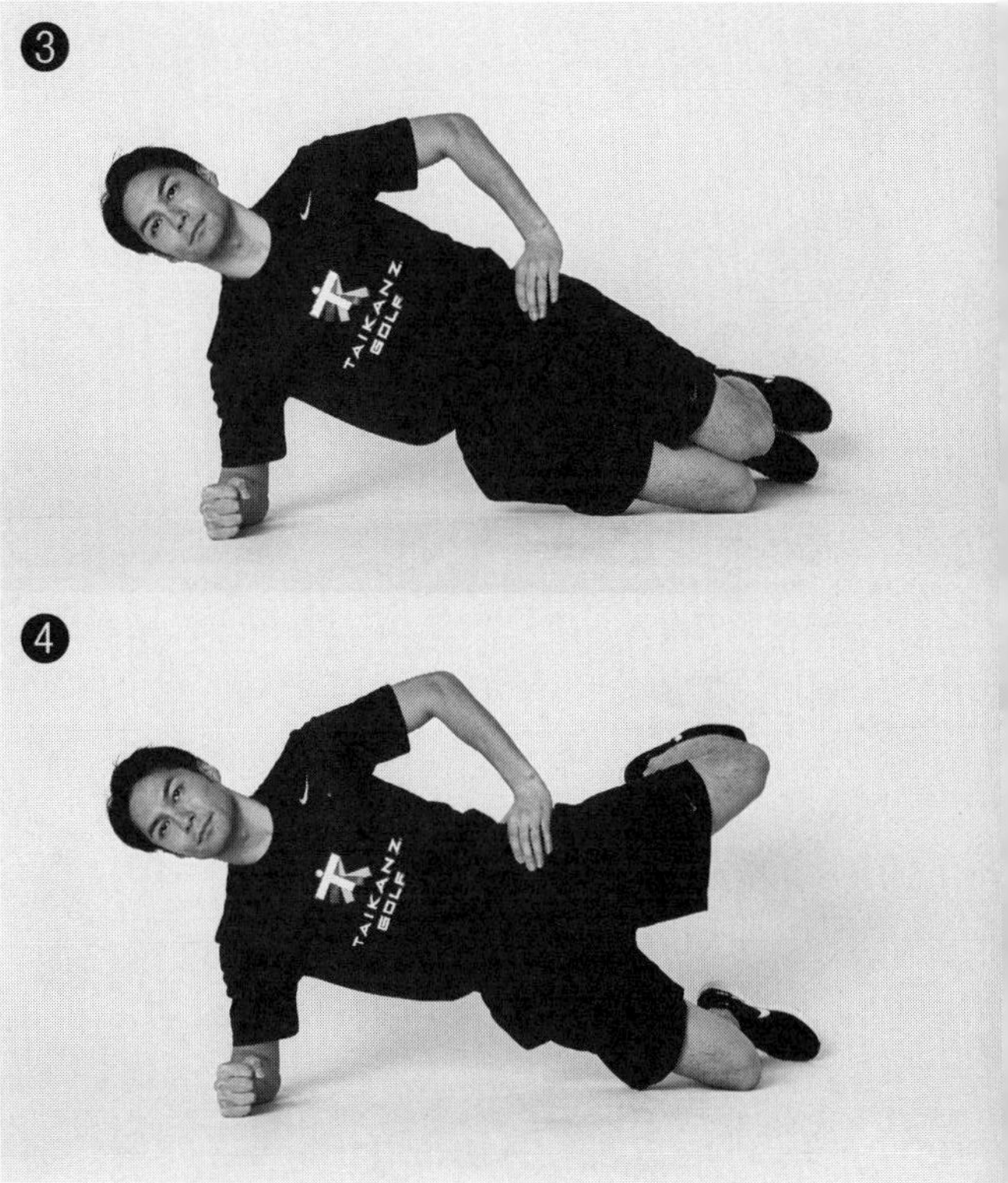

させます。

①左手を下に、横向きに寝ます。左肘を床につけ、指先は握って正面に向けます。右手は右腰に添えます。両膝を直角に曲げます。お腹の横に力を込めて、腰を上げ、できるだけ左側の肋骨と骨盤を近づけます。

②サイドプランクの体勢を維持しながら、右足をゆっくり上下させ両膝を開閉させます。足を上げるときに口から息を吐き、下ろすときに鼻から息を吸います。

③④片足の上下を1回と数え、右足を連続して8回行ったら、体勢を入れ替えて左足を8回行います。

ハムストリング ヒールカール

仰向けになり、両手と片足で体を支え、腰を前後に振る

始めは	左右	各**5回**
慣れたら	左右	各**10回**

太ももの裏＝ハムストリングを鍛えるエクササイズです。ハムストリングはももの前側に対して弱くなりがちです。ハムストリングを鍛えることにより。斜面でも安定したスタンスがと

れるようになります。

①仰向けから上体を起こし、両手は体の少し後ろの床につけます。両足を伸ばし、左足のかかとは床につけ右足のかかとを少し浮かせます。腰を浮かせ、体を両手と左足で支えます。右足は伸ばし床と平行にします。

②鼻で息を吸いながら、左膝を曲げていき、腰を浮かしたまま、前方にスライドさせます。左膝が直角まで曲がったら、口から息を吐きながら、腰を後方にスライドさせ、①の位置まで戻ります。

③④右足で連続5回、次に左足で連続5回行います。

スクワット

直立し、お尻を後ろに引きながら反動をつけず屈伸する

始めは	8回
慣れたら	16回

スイングでぐらつかないためには、体幹と下半身の筋力強化が必要です。そのために最も効果的なエクササイズがスクワットです。スイングの土台となる太ももやふくらはぎの筋力強化

や、腹筋・脊柱起立筋など姿勢を保つのに重要な筋肉の強化に効果的です。

①直立の姿勢から、両手を頭の後ろに軽く添え、顔は正面に向けます。両足は肩幅に広げ、つま先と膝を正面に向けます。

②鼻から息を吸いながら、膝、足首、股関節を曲げ、お尻を後ろに引くようにゆっくりしゃがみます。太ももが床と平行になるまで曲げます。膝がつま先より前に出ないようにします。口から息を吐きながら、ゆっくり上体を上げ①の体勢に戻ります。上下を1回と数え、8回行います。

シングルレッグスクワット

右足、左足と、片足で行うスクワットにも挑戦

始めは	左右	各**5回**
慣れたら	左右	各**10回**

両足でスクワットを行ったら片足立ちでも行います。片足ずつ行うことで、足にかかる負荷が倍増するのと同時に、上体のバランスを維持するのに必要な各部位の筋力強化にも効果があり

ます。

①直立の姿勢から、両手を床と平行に真っ直ぐ正面に伸ばし、顔は正面を向きます。つま先と膝も正面に向けます。左足を軽く曲げてつま先を浮かせ、右足だけで立ちます。

②鼻から息を吸いながら、目線は斜め下を見て、お尻を後ろに引くようにゆっくりしゃがみます。口から息を吐きながら、ゆっくり上体を上げ、①の体勢に戻ります。

③④上下を1回として数え、右足で連続5回行ったら、体勢を入れ替えて、左足で連続5回行います。

オルタネイト スティフデッドリフト

片足立ちで体を倒し、体のバランスをとる

始めは	左右	各**3回**
慣れたら	左右	各**6回**

臀筋群の強化とともに上半身と下半身のバランスを整えるエクササイズです。体のバランスが悪いと、体がぐらつき、なかなか上手くできません。まずは1回の動作がきちんとできるこ

とを目指してください。
①直立して、両手は体の横に、手の甲は正面に向けます。左足を軽く曲げて浮かし、右足だけで立ちます。
②鼻から息を吸いながら、左足を体の後ろに伸ばし、上体も連動して前に傾け、首の付け根からかかとまでが真っ直ぐ床と平行になるようにします。両手は床と垂直のまま指先を床に向けます。口から息を吐きながらゆっくり起き上がり、①の体勢に戻ります。
③④次に足を入れ替えて同じ動作を行います。左右を交互に行い、それぞれ3回ずつ行います。

ジャンピングジャック

両手両足を開閉しながら連続でジャンプする

始めは	20回
慣れたら	40回

ゴルフに大事な瞬発力やバネを鍛えるエクササイズです。跳躍はいろいろな筋肉が連動する動作なので、各部の筋力強化の他に、体幹の筋肉バランスを整えるのにも効果的です。

①両足を閉じた状態で直立します。両手は力を抜いて両脇に添えます。お腹に力を入れ引き締めておきます。顔は動作中、常に正面を向いています。

②両足を横に広げながらジャンプし、同時に手を広げて頭上に上げていきます。

③両手を顔の横に広げ、両足を開いて着地します。次にジャンプしたら着地までに両手足を閉じて①の姿勢に戻ります。ジャンプは高さよりも素早くリズミカルに行います。

■このエクササイズは有酸素運動でもあります。慣れたら回数を増やしましょう。

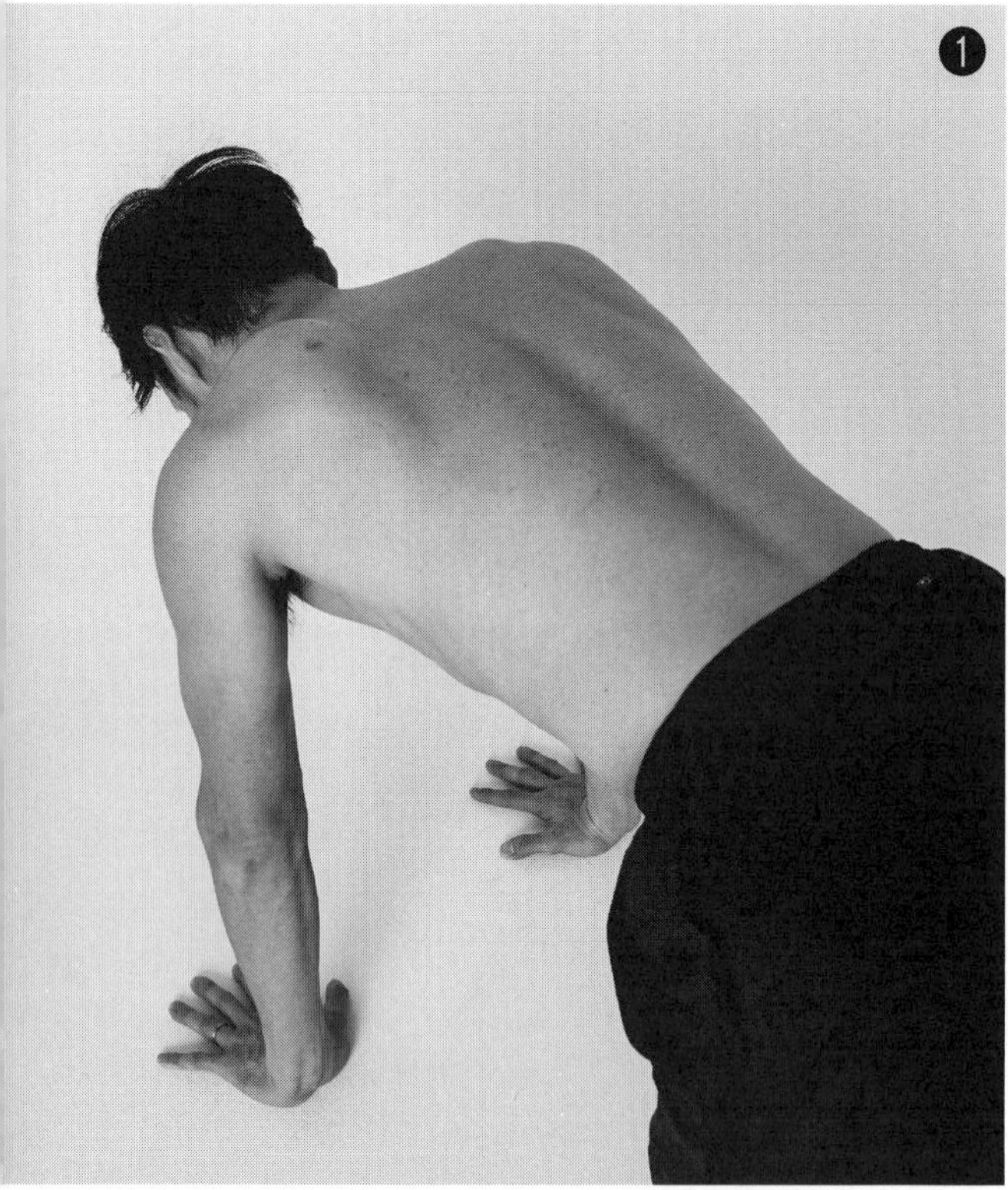

番外編：立甲

肩甲骨を胸郭から離すようにして浮き上がらせていく

肩甲骨の可動を良くするためのエクササイズです。ゴルフに限らず野球・テニスなどの球技では、体のパフォーマンスを最大限に発揮するため、肩甲骨の柔軟運動が必要です。また、

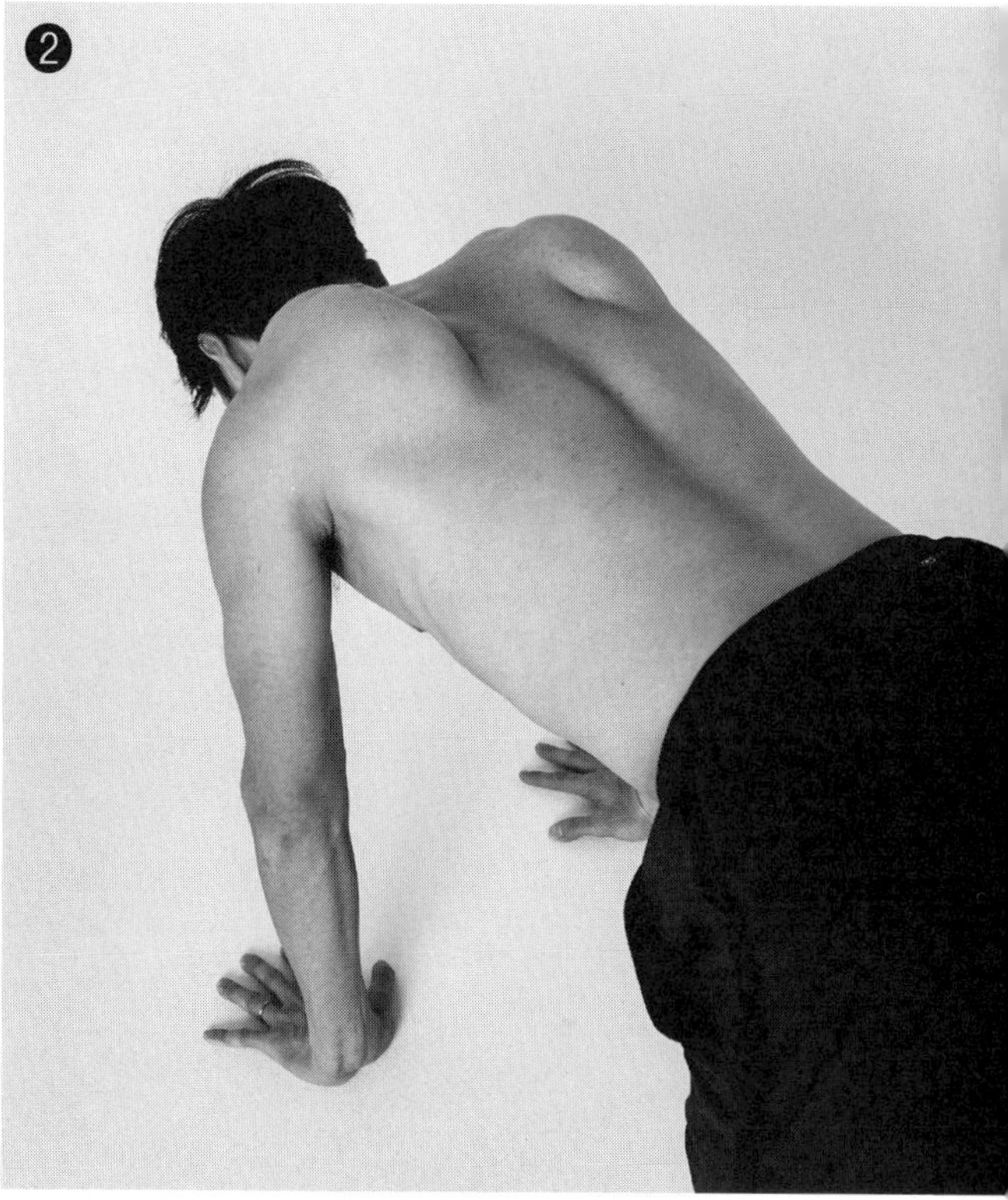

肩甲骨周りが硬くなると姿勢が悪くなり、肩凝りや肩痛を引き起こす原因にもなります。

自己診断テストで、両手を背中で組めない方は肩甲骨周りの筋肉が硬くなっています。このエクササイズで柔軟性を取り戻していき、肩甲骨の可動域を広げていきましょう。胸椎の動きも良くなります。

①四つん這いになり、両手・両足を肩幅に広げます。

②両手を伸ばしたまま、胸を床に近づけるように体を沈み込ませます。肩甲骨が背骨に寄って浮き上がったところで静止します。

第5章

柔軟でしなやかな体を作るゴルフピラフェクト

草深麻衣
くさぶか・まい。「タイカンズ」トレーナー。日本こどもフィットネス協会キッドビクスダンスインストラクター。フードスペシャリストの資格を持つ。「タイカンズ」では、「ピラフェクト」「コアビティ」「コアセット」を指導している。

「ピラフェクト」で体幹の安定性や柔軟性を高め、しなやかでブレないスイング軸を手に入れる

「ピラフェクト」とはパーフェクトなピラー（体の支柱＝背骨）を目指す「タイカンズ」のオリジナルプログラムです。その中でもゴルファーにとって大切な体幹の安定と軸作りに有効な10の「ピラフェクト」メニューをご紹介します。

まず、具体的なメニュー動作の説明の前に「ピラフェクト」の特徴や大事なことなどを簡単にご説明します。理解しながらやっていただくほうが何倍も効果的だからです。

本書の「ピラフェクト」の特徴は、床に体や手足をついて行うので、背骨をニュートラルなポジションに保ちやすく、自然と正しい姿勢をとりやすくなることです。立位での姿勢の良くない方にお勧めです。「ピラフェクト」は正しい姿勢を作る筋力と、背骨の安定性・柔軟性を高めるのが目的なので、なるべく特定の筋肉に負荷をかけずに行います。勢いをつけた反動を利用せずに行うのがコツです。

特定の筋肉に負荷をかけずに行う「ピラフェクト」ですが、単なる柔軟運動ではなく、正し

い姿勢を維持するための筋肉も同時に刺激していくため、やり始めはかなりきつく感じると思います。最初は動作を覚えるようにして、あまり無理をせずそれぞれの姿勢を維持できる範囲で行いましょう。頑張って行っても崩れた姿勢では効果が半減してしまいます。繰り返しになりますが「ピラフェクト」の目的はピラー（支柱＝背骨）をパーフェクトに保てるようにすることです。動作を正しく行い、ピラーが崩れないようにしましょう。

これからご紹介するメニューの流れは、四つん這い→うつ伏せ→仰向け→横向き→最後にうつ伏せで終わります。できれば、それぞれのボリュームを減らしてもひとつの流れとして順番に最後まで行うようにしてください。朝起きたとき、または夜寝る前にベッドや布団の上で行うと習慣化されて楽に続けられるのでお勧めです。コツコツ行えば大きな効果が期待できます。

10のピラフェクト・ローテーション

寝そべりながら行える10のエクササイズの順番

ダウンドッグ

コブラ

フロアーランジ

ランジツイスト

❺
カールアップ
❻
ハンドレッド
❼
クリスクロス
❽
シザース
❾
サイドブリッジ
❿
プローンブリッジ

ダウンドッグ

**四つん這いになり
手足を伸ばして
お尻を高く上げる**

始めは	**10秒**
慣れたら	**20秒**

ヨガのポーズの一種です。手足、肩、背中、骨盤まで全身のバランスを幅広く整えていき、体全体の安定感をアップさせます。さらに太ももの後ろとふくらはぎもストレッチしていきます。

①四つん這いになり、両手と両足を肩幅に開き、膝は直角に曲げ、つま先を床につけ、目線は床に向けます。②膝を伸ばしていき、頭を手の間に入れて、背中を伸ばします。太ももの後ろとふくらはぎを伸ばします。お尻が上がり切ったところで10秒間キープします。横から見ると、お尻を頂点に三角おむすびの形になるようにしてください。動作中、息は常に自然に行うようにします。③ゆっくり、スタートの位置に戻りながら、腹這いになり、次の「コブラ」のポーズに備えます。

コブラ

うつ伏せになり 上体を反り上げる

始めは	10秒
慣れたら	20秒

胸、腹筋群のストレッチに効果的なヨガのポーズです。背中の上部も伸ばすので、特に猫背の方にはお勧めです。

①うつ伏せになり、両足は肩幅より少し狭めに開きま

す。つま先は後ろに伸ばし、両脇を締め、両手は肩の横に置き、両手の平で床を押さえます。

②鼻から息を吸いながら、手の平で床を押すように手を伸ばし、ゆっくりと上体を上げます。顔は正面に向けます。上体を上げたまま、10秒間キープします。呼吸は止めずに自然に行います。

③口から息を吐きながら、ゆっくりとうつ伏せの状態に戻ります。

■「コブラ」のポーズは腰痛にも効果的と言われていますが、腰痛がひどい場合は医師に相談してから行ってください。

フロアーランジ

腕立て伏せの体勢から片足ずつ腕の脇まで踏み込む

始めは	左右　各**10秒**
慣れたら	左右　各**20秒**

太もも・お尻の筋肉に刺激を与え、股関節のストレッチも同時に行うことができます。下半身の柔軟性を取り戻し、スイングの土台作りを行いましょう。

①腕立て伏せの姿勢をとり

❸

❹

ます。両手は肩幅に開き、床と垂直になるようにします。指先は正面に向けます。両足は真っ直ぐ伸ばし、つま先を床につけて体を支えます。目線は斜め前方の床に向けます。

②口から息を吐きながら、右足を曲げてゆっくり前方に送ります。右足首を右手の平の横まで持っていき、この体勢で10秒間キープします。静止中は自然な呼吸を行ってください。ゆっくりと右足を①のポジションまで戻します。

③④右足が終わったら続いて同様の動作を左足で行い、10秒間キープします。

ランジツイスト

ランジの体勢から
片手を大きく上げ胸を開く

始めは	左右　各**10秒**
慣れたら	左右　各**20秒**

ランジの下半身強化に加え、背中、胸のストレッチを同時に行います。背骨を軸としたスイングの回旋の可動域を広げていきます。①腕立て伏せの姿勢をとります。両手は肩幅に開き、

床と垂直になるようにします。両足は真っ直ぐ伸ばし、つま先で体を支えます。

②口から息を吐きながら、右足を曲げてゆっくり前方に送ります。右足首を右手の平の横までもっていきます。

③右手を伸ばして、背骨を軸に右に回旋し、指先を天井に向け、胸も連動して右を向かせます。顔は指先に向け、10秒間キープします。静止中は自然な呼吸を行います。①のポジションまで戻します。

④⑤⑥右が終わったら続いて同様の動きを左で行い、10秒間キープします。

カールアップ

**仰向けになり、
腹筋を収縮させ
背中を丸くする**

始めは	**10秒**
慣れたら	**20秒**

カールアップは、腹筋の強化と背骨の柔軟性を取り戻すためのエクササイズです。腹筋を刺激するので、お腹を引き締めることもできます。腰への負担が少なく、毎日行うのに適してい

ます。また、合わせて背中のストレッチも同時に行うことができます。
①両膝を曲げ、仰向けになります。両手は両脇に添え、手の平を床に向け真っ直ぐに伸ばします。
②鼻から息を吸って口から吐きながら、腹筋に力を入れて、あごを引き、肩甲骨から上体を起こしていき、背骨が丸まり切ったところで1秒間静止します。両手は床と平行のままです。
③ふくらはぎが床と平行になるまで両足を持ち上げます。この状態で10秒間静止します。静止中は自然な呼吸を行います。

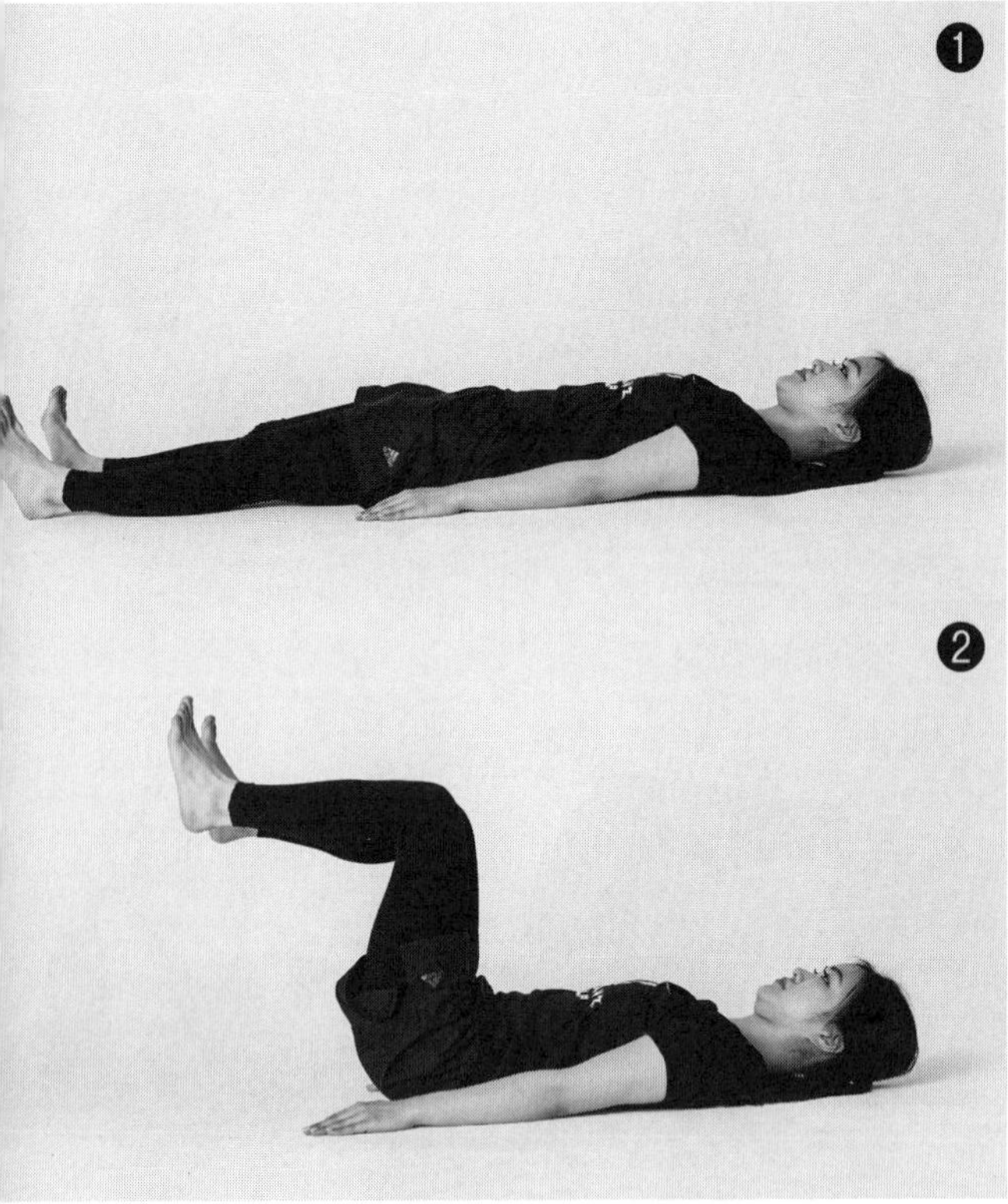

ハンドレッド

**仰向けになり
両足を上げ両手を
100回上下させる**

始めは	50回
慣れたら	100回

お腹周りにあるインナーマッスルの腹横筋とアウターマッスルの腹筋群を同時に鍛えるエクササイズです。①仰向けになります。両手は真っ直ぐ伸ばし、両脇に添えます。

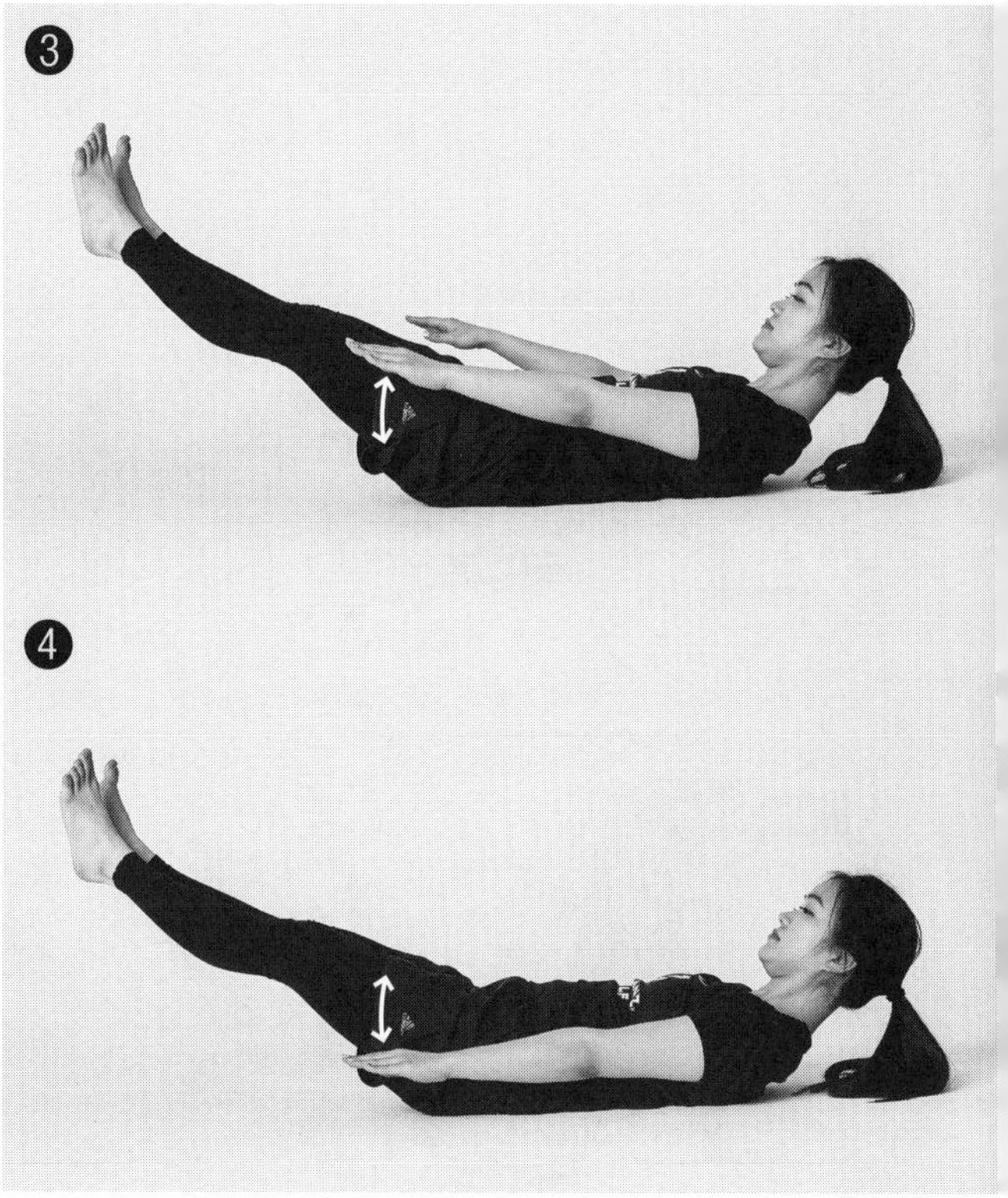

②足を揃え、膝を直角に曲げ、ふくらはぎが床と平行になるように足を上げます。
③④あごを引いて頭を持ち上げ、肩甲骨を床から浮かせます。両手も肩の高さまで床と平行のまま上げます。両足は真っ直ぐ伸ばし、腹筋に力を込めて、斜め上方に持ち上げます。この状態で両手を真っ直ぐ伸ばしたまま、小刻みに上下に動かします。口から息を吐きながら5回、鼻から息を吸いながら5回、リズミカルに合計50回を連続して行います。慣れてきたら名称通り１００回連続して行いましょう。

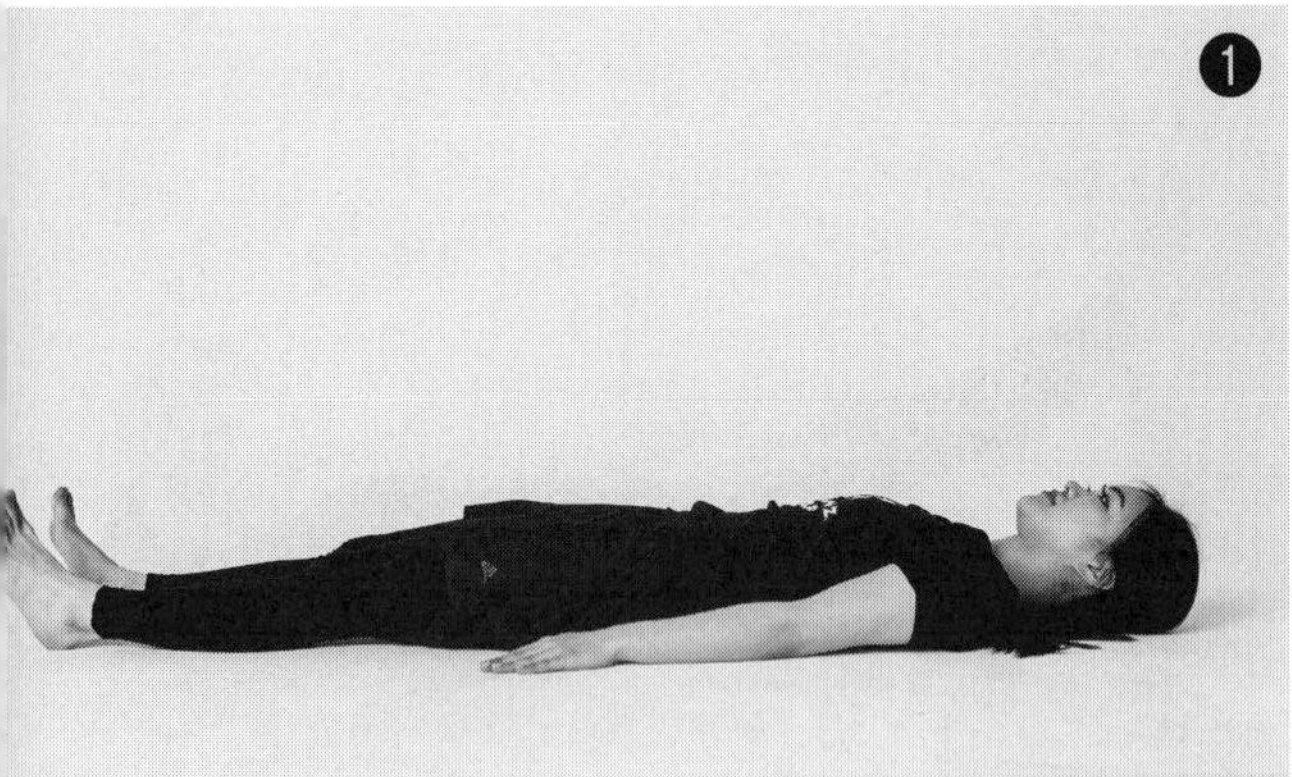

クリスクロス

仰向けになり、クロスに肘と膝を交互にくっつける

始めは	**5回**
慣れたら	**10回**

腹部を斜めに走る腹斜筋を刺激するエクササイズです。左右の腹斜筋のバランスを整えることにより、体の歪みを矯正し、ニュートラルな姿勢をとることができるようになります。

①②仰向けになり、両手を頭の後ろで組み、首を持ち上げ、肩を浮かせます。足を揃え、膝を直角に曲げ、ふくらはぎが床と平行になるように足を上げます。
③鼻から息を吸って口から吐き、ゆっくり上体を起こしながら左にひねります。同時に左足を深く曲げて体に引き寄せ、右肘と左膝を近づけます。右足は膝を伸ばし持ち上げます。
④次に、一旦①のスタートポジションに戻ったら、同様の動きで上体を右にひねり、左肘と右膝を近づけます。左右を1回として5回行います。

シザース

**仰向けになり
両足を真っ直ぐ伸ばし
交互に持ち上げる**

始めは	**10回**
慣れたら	**20回**

　体幹の強化と股関節の柔軟性の向上を目的としたエクササイズです。
①仰向けになります。両足はこぶし1個分離します。
②腹筋に力を入れて上体を起こし、肩を床から浮かせ

③

④

ます。両足の膝を直角に曲げ、ふくらはぎが床と平行になるように持ち上げます。両手は肩の高さまで床と平行のまま真っ直ぐ上げます。

③両手を左足太ももに軽く添えます。両足を伸ばし、左足を天井に向かって上げ、右足は真っ直ぐ伸ばし床から少し浮かせます。

④両手を右太ももに添え、右足を天井に向かって上げ、左足は伸ばし床近くまで下げます。両足をリズミカルに交互に上下させ、手は上げるほうの太ももに添えます。腰が反らない範囲で足を上げます。上下を1回として10回行います。

サイドブリッジ

横向きになり、
片手で支え腰を上げる

始めは	左右　各**10秒**
慣れたら	左右　各**20秒**

体幹の姿勢維持に関わる腹斜筋や体重移動の際の横方向のバランスをとる中臀筋を強化します。
①右手が下になるように横向きに寝ます。右手を伸ばして上体を起こします。右

③

④

手の位置は肩の真下より少し外側になるようにし、腰を持ち上げたときに両手と胴体が十字になるように手のつく位置を調節します。
②お腹の横に力を入れ、鼻から息を吸って口から吐きながら体を持ち上げます。左手は天井に向かって真っ直ぐ高く上げます。体の軸と広げた両手のラインが十字になるようにします。後頭部・腰・両かかとを結んだラインが真っ直ぐになるようにします。この状態で10秒間キープします。
③④体を入れ替え、左手を下にして同じ動作で10秒間キープします。

プローンブリッジ

手足を伸ばし
四つん這いになり
片足ずつ持ち上げる

始めは	左右　各**10**回
慣れたら	左右　各**20**回

　ゴルフピラフェクトの最後は、体幹を安定させてお尻の筋肉を強化するエクササイズです。

①四つん這いの体勢から、膝を伸ばしていき、両手・両つま先の4点で体を支え

ます。後頭部から骨盤までのラインが床と平行になるように調整します。背骨はニュートラルポジション（自然な湾曲）を保ち、反ったり、丸まったりしないように注意します。

②口から息を吐きながら、右足を伸ばしたまま持ち上げます。鼻から息を吸いながら右足を下ろします。その際、お尻の位置がなるべく動かないようにします。右足の上下を2回連続で行います。

③④次に左足の上下を連続2回行います。交互に2回ずつ行い、合計で左右10回ずつ行います。

第6章

休日にやりたい、筋力をアップするゴルフコアビティ

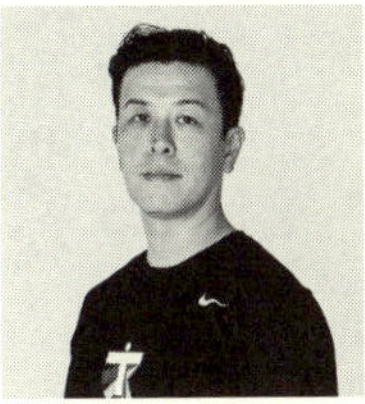

髙橋剛
たかはし・つよし。「フィットネス&スパ　ライフウェル相模大野」マネジャー&トレーナー。NASM-PES、TPI level1（Titleist Performance Institute）、PHI Pilates-MAT I・IIなど多くの資格を持つ。長身で鋼のような肉体を誇る、スタッフとお客様に絶大な信頼を得ている実力者。

「コアビティ」で、飛距離アップに重要な「力の立ち上がり速度」を劇的に高める

「コアビティ」とはコア＝体幹と、グラビティ＝重力を合わせた「タイカンズ」オリジナルプログラムです。マシンやダンベルなどを使わず、重力（＝自分の体重）を使ってトレーニングを行います。負荷のかかり過ぎによるケガの危険が少なく、ジムに行かなくても家でも気軽にできるのが特長です。また、単なる筋力トレーニングではなく、動作や反動を利用してバランスをとりながら行うので、神経と筋肉の連動性を高める効果もあります。

「コアビティ」は大変ハードなトレーニングですが、ムキムキに筋肉を大きくするものではありません。ゴルフに必要な筋肉は、土台となる下半身の筋肉、体幹を安定させる筋肉です。この下半身・体幹の筋肉が強靭であれば、ヘッドスピードを上げてもブレないスイングができるようになります。プロのスイングが、ヘッドスピードが速いのに軽く振っているように見えるのは、下半身と体幹がしっかりしていてブレないからです。

また、ゴルフはインパクトでの瞬発力が必要になるので、「力の立ち上がり速度」が重要だと

言われています。瞬時に筋力を必要とするような、「高く飛ぶ」「早いテンポで飛ぶ」ことができれば「力の立ち上がり速度」が速いことになります。海外のプロも伸び上がり動作をスイングスピードに変換して飛距離を伸ばしています。「コアビティ」は重力を負荷として利用し、神経や筋肉の連動性や、「力の立ち上がり速度」を高め、体のパフォーマンスを上げることを目的としているので、各エクササイズのそれぞれの動作をバランス良く正確に行えるようにしましょう。

「コアビティ」を毎日行うのは難しいと思いますが、ぜひ週に1回、お休みの日に行っていただければ、安定したスイングと飛距離アップを同時に手に入れることができます。

10のコアビティ・ローテーション

ちょっとハードな10のエクササイズの順番

❶

オーバーヘッドスクワット

❷

シングルレッグアームリーチ

❸

バックランジ

❹

ツイスティングランジ

❺

サイドランジ・サイドステップ

サイドランジ・ローテーション

プッシュアップ

コブラ（ピラフェクトとは異なる）

プランクウインドミル

チョップスクワット

オーバーヘッドスクワット

両手を頭の上に上げスクワットを行う

始めは	8回
慣れたら	15回

ぐらつかないアドレス作りのために効果的なスクワット。両手を上げることにより、上半身から下半身まで、全身をバランスよく鍛えることができます。

①直立して、両手を真っ直

ぐ伸ばし頭上に上げます。両手の平は正面に向け、顔も正面に向けます。両足は肩幅に広げ、つま先と膝を正面に向けます。

②鼻から息を吸いながら、目線は斜め下を見て、お尻を後ろに引くようにゆっくりとしゃがみます。太ももが床と平行になるまで曲げます。背中が丸まったり、膝がつま先の前に出ないようにします。口から息を吐きながら、ゆっくりと上体を上げ、①のポジションに戻ります。

■上げ下げを1回として、8回行います。慣れたら回数を増やします。

シングルレッグアームリーチ

直立して片足で立ち片手片足を伸ばして体を傾ける

始めは	左右 各**3回**
慣れたら	左右 各**5回**

どんな斜面からでもナイスショットをするためには、バランス力がとても大事です。このエクササイズは姿勢の維持のために必要な全身の筋力をバランス良く整えます。

①直立し左足だけで立ち、左手は腰に添えます。右手は小さい「ガッツポーズ」をします。左足は少し曲げ、足裏全体で体を支えます。
②鼻から息を吸いながら、腰から折り曲げ、上体を傾けていきます。
③右手を真っ直ぐ前方に指先まで伸ばし、右足を後方に送りながら真っ直ぐ伸ばします。右手指先から右足かかとまでが床と平行になるようにします。口から息を吐きながら、①のポジションに戻ります。
④⑤⑥左足立ちで連続3回行ったら、右足立ちで同様に3回行います。

バックランジ

片足を一歩半後ろに
踏み込み上体を上下する

始めは	左右	**8回**
慣れたら	左右	**16回**

　後ろに踏み込むランジです。通常のランジに加え、後ろに踏み込む際のバランスを維持するために必要な全身の筋肉も鍛えます。

①直立の姿勢から両足を腰幅の広さに開き、両手は体

の前で組みます。右足を一歩半後ろに踏み込みます。

②鼻から息を吸いながら、左足を曲げていき、左膝が直角になり、左太ももが床と平行になるまで腰を落とします。上体は垂直に保ち、左膝がつま先より前に出ないように注意します。右足は、腰が落ち切ったときに、太ももが十分伸びていることを意識します。口から息を吐きながら、左足を伸ばし、スタートのポジションまで戻ります。

③④上下を1回と数え、右足だけで連続して8回行い、右足が終了したら左足を8回連続して行います。

ツイスティングランジ

片足を一歩半前に踏み込み上体を上下しながら腰を左右にひねる

始めは	**8回**
慣れたら	**16回**

ランジの動作に上体のひねりを加えたエクササイズです。

①直立の姿勢から両足を腰幅の広さに開きます。両手は真っ直ぐ前に伸ばし、右足を一歩半前に踏み出ししま

す。

②鼻から息を吸いながら、右足の膝とつま先を同じ方向に向け、右太ももが床と平行になるまで腰を落とします。左足は太ももを十分伸ばします。同時に上半身を右にひねり、胸を右に向けます。右手は後方に引き肘を曲げ、左手は前方に伸ばします。上体が傾かないように気をつけます。口から息を吐きながら、右足を伸ばし、①のポジションまで戻ります。

③④次に左足を前に踏み出して上下を行います。右足と左足を交互に8回連続して行います。

サイドランジ・サイドステップ

サイドランジにサイドステップの動作を加える

始めは	**8回**
慣れたら	**15回**

　サイドランジにサイドステップの動作を加えて、全身でバランスをとりながら下半身を鍛えます。
①立直の姿勢から両足を腰幅の広さに開きます。両手は体の前で組み、脇を軽く

締めます。両つま先は広げず前方に向けます。

②鼻から息を吸いながら、相撲のシコを踏むように右足を上げ、一歩横に踏み出します。

③右足の膝を曲げ、腰を落とします。右膝はつま先と同じ方向に向け、膝が前に出ないように注意します。口から息を吐きながら、足を踏み出した反動を使い、右足を伸ばしていき、腰を上げます。右足を寄せて①のポジションに戻ります。

④⑤⑥次に左足を横に踏み出し、同じ動作を行います。左右を交互に1セット1回とし、8回行います。

サイドランジ・ローテーション

サイドランジにローテーションの動作を加える

始めは	**8回**
慣れたら	**16回**

サイドランジ・サイドステップに上半身のローテーションの動作を加えたエクササイズです。

①立直の姿勢から両足を腰幅の広さに開き、両手は床と平行に開きます。このと

き、両つま先は広げず前方に向けます。
②鼻から息を吸いながら、相撲のシコを踏むように右足を大きく上げ、一歩横に踏み出します。
③右足の膝を直角に曲げ、右太ももが床と平行になるまで腰を落とします。同時に上半身を右にひねり、左手で右つま先をタッチし、右手は天井に向けます。口から息を吐きながら、反動で右足を伸ばし、体を①のポジションに戻します。
④⑤⑥次に左足を横に踏み出し、同じ動作を行います。左右を交互に行い、1回と数え、8回行います。

プッシュアップ

腕立て伏せ

始めは	10回
慣れたら	20回

　腕立て伏せを行います。腕立て伏せは誰でも行ったことがある筋トレメニューですが、フォームが正しくないと効果が半減します。正しいフォームを常に意識しながら行ってください。

①うつ伏せから、両手を真っ直ぐ伸ばし、肩幅よりこぶしひとつほど外に手の平を床につけます。指先は前方に向けます。両足を伸ばし、つま先だけを床につけます。腹筋に力を込め、後頭部から足かかとまでが一直線になるようにします。腰が落ちたり背中が丸まらないように注意します。

②鼻から息を吸いながら、肘を曲げていき、胸が床につく寸前で止めます。口から息を吐きながら、肘を伸ばし上体を上げていきます。

③④始めは10回行います。10回できない場合は膝を床につけて行います。

コブラ（ピラフェクトとは異なる）

うつ伏せになり
背中を反らせ
肩甲骨を寄せる

始めは	5回
慣れたら	10回

広背筋の強化と肩甲骨まわりの可動性向上に効果を発揮します。

①うつ伏せになり、両手は斜め前に真っ直ぐ伸ばします。両手の平はお互いが向き合い、親指が上になるよ

うに内側に向けます。足は腰幅に開き真っ直ぐ伸ばします。

②鼻から息を吸い、口で吐きながら、背中を反らせ、胸を床から浮かせます。

③両肘を曲げて手を上体の脇に持っていきます。胸を張り肩甲骨を寄せます。この状態で数秒静止します。鼻から息を吸い、口で吐きながら両肘を伸ばし、手を元の位置に戻します。胸の上下を1回として5回行います。

■背中が硬く反らないときや腰や肩が痛い場合は、お腹の下にクッションや座布団を敷いて行ってください。

プランク ウインドミル

プランクの姿勢から片手を大きく頭上に上げる

始めは	各**8回**
慣れたら	各**16回**

　プランクに側屈と回旋の動作を加え、ゴルフで大事な回転運動に必要な筋力をバランス良く鍛えます。

①四つん這いになり、両手両足は肩幅に開きます。両膝を伸ばしていき、両手両

つま先の4点で体を支えます。動作中、上体と床が平行の状態を維持します。

②鼻から息を吸い、口から吐きながら、右手の肘を曲げて天井に向けるときに、左脇から左のお腹の横に力を入れます。

③肘を伸ばし、外側に弧を描くように、天井に向かって指先を伸ばします。胸は右を向きますが、顔は床に向けたままにします。手を元の位置に戻し、①のポジションに戻ります。

④⑤⑥次に左手側で同じ動作を行います。左右交互に行って1回と数え、8回行います。

チョップスクワット

スクワットを行いながら
両手を頭上から
床に向かって切りおろす

始めは	10回
慣れたら	20回

　スクワットに体のねじりと手の振り上げ振り下ろしの動作を加えたエクササイズです。

①直立して、両手を真っ直ぐ伸ばし、顔の前で手の平を合わせます。顔は正面を

向けます。両足は肩幅に広げ、つま先と膝を正面に向けます。
②しゃがみ込むときに、鼻から息を吸いながら、体を右にねじり、両手を伸ばしたまま斜め下に、勢いよく切りおろします。
③立ち上がるときに、口から息を吐きながら、左方向に体をねじり両手を切り上げます。肩・腰は左方向に向きます。
④⑤両足で床反力を使い、動作を連続して左5回、右5回、合計10回行います。慣れてきたら左10回、右10回、合計20回に増やしましょう。

第7章

体幹を鍛え、スイングを良くする練習ドリル

南田陽平
みなみだ・ようへい。「タイカンズゴルフ」ゴルフコーチ。15歳からゴルフを始め、2014年に日本プロゴルフ協会入会、ティーチングプロA級取得。TPI認定トレーナー。ゴルフ技術を指導でき、体のことにも詳しい希有なゴルフプロとして存在感を発揮。

「タイカンズゴルフ」のボールを打たない素振りドリルで、ミート率とヘッドスピードを無理なく向上させる

ゴルフ場でスタート前に行ったり、毎日自宅で行うことで、筋肉と関節がスムーズに動き、自然とスイングが良くなる10の実践的なゴルフドリルをご紹介します。

スタート前にティグラウンドの近くでブンブンと力いっぱい素振りをしている方をよく見かけますが、これはまったくの逆効果です。スタート前は緊張して筋肉が固まり動きづらい状態です。まずは、ストレッチなどをして、筋肉の緊張をほぐすことが重要です。また、コースに出ると不安から無意識のうちに緊張し、普段通りのスイングができなくなってしまいます。

ご紹介するドリルはストレッチドリルから始まり、徐々にスイングの各部の動きを確認し、最後にアドレスのチェックを行います。このドリルを順番に行うことで、緊張するスタート前でも、普段通りの筋肉と関節の動きをとり戻すことができます。スタート前に行うこのドリルで大事なことは、「動きを止めない」ということです。各部にこだわり、途中で動きを止めてしまうと「スムーズに筋肉を動かす」という目的を達成できません。また、このドリルはストレ

ッチも兼ねているので体全体をほぐすようにゆったりと行ってください。

スタート前だけでなく、このドリルを1日10分毎日自宅で行うことで、安定したスイングを身につけ、飛距離を伸ばすことができます。ボールを打たないと正しいスイングかどうかわからないとお思いになるかも知れませんが、プロでもボールを打つときは素振りのときよりもヘッドスピードが落ちてしまいます。つまり素振り以上のスイングはできないわけです。まして

アマチュアはボールに意識が集中して、右肩が前にかぶさったり、頭が上下したりと余計な動きが出てしまいます。この10のドリルは、一つひとつの動きを感じながら行えるので、各部の動きを確認しながらスイングを作るのに大変有効です。また、毎日行えば体にしっかり動きを覚え込ませることができます。ぜひ、習慣化して続けて行ってください。

10の練習ドリル・ローテーション

10のドリルの順番を覚え、スタート前にも実践したい

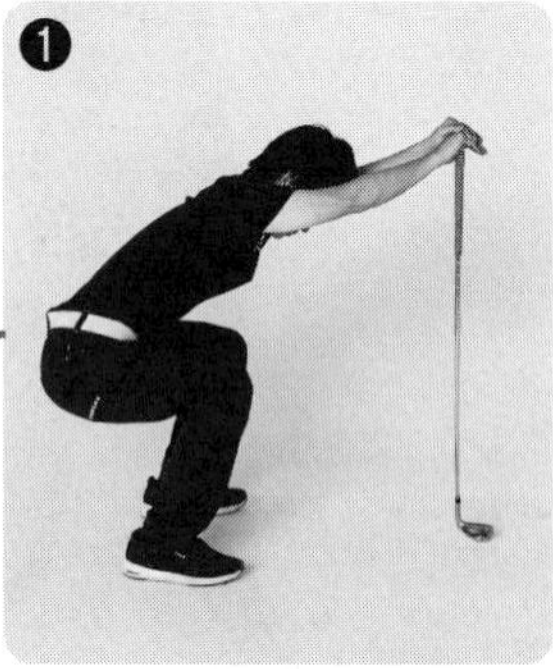

ディープスクワット

プロペラドリル
（クラブなし）

うねりドリル
（クラブなし）

雪かきドリル

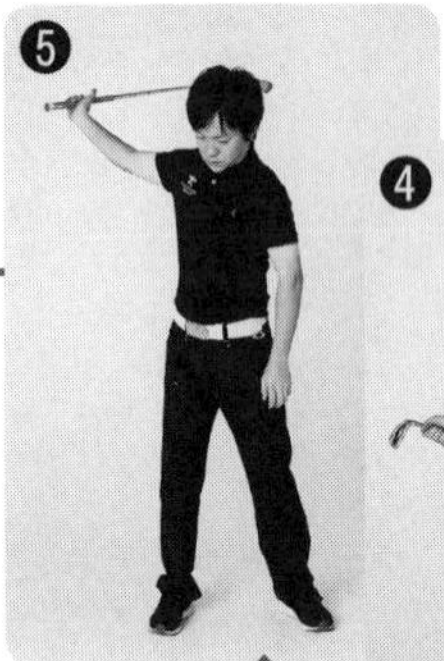

片手素振り

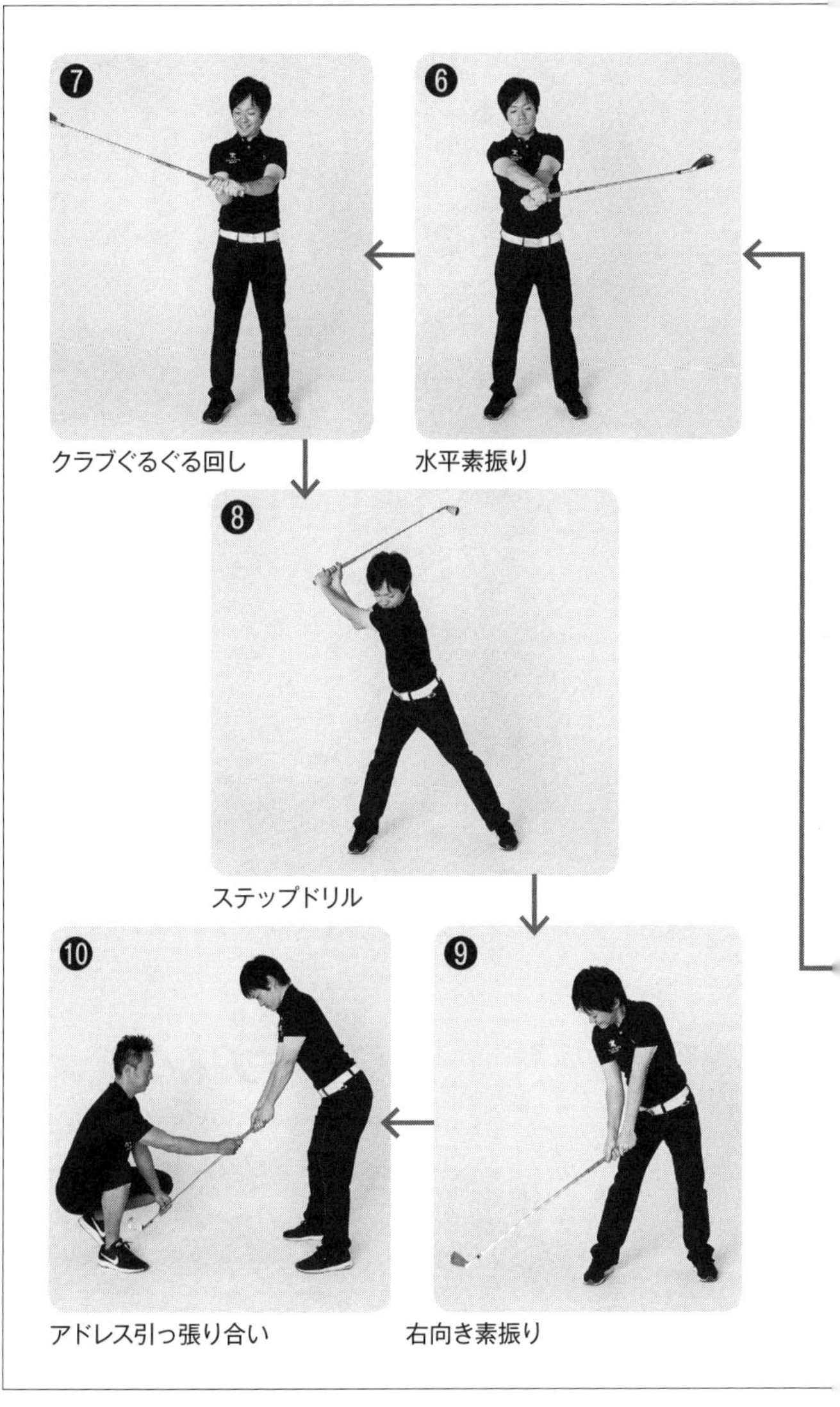
❻
水平素振り
❼
クラブぐるぐる回し
❽
ステップドリル
❾
右向き素振り
❿
アドレス引っ張り合い

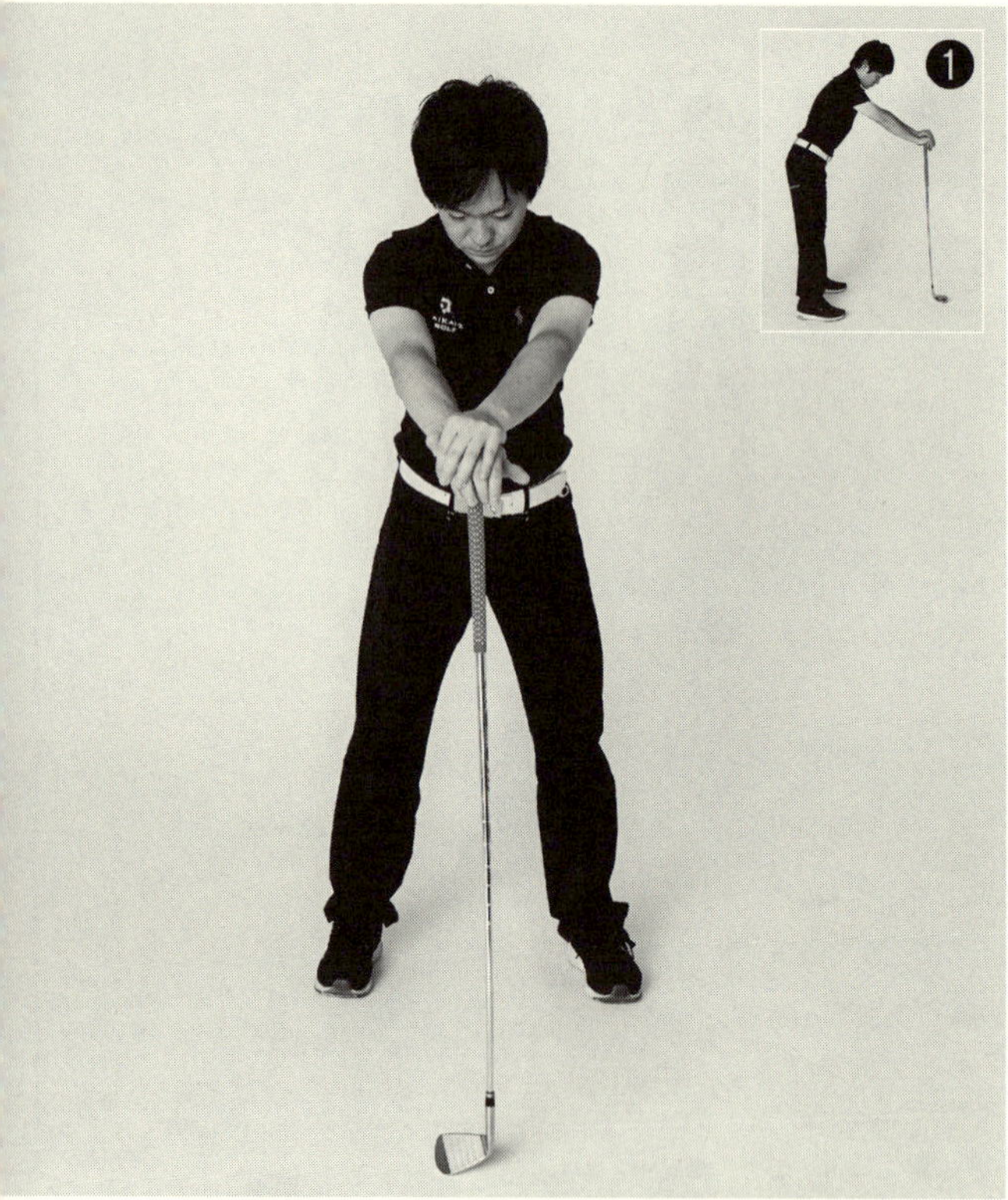

ディープスクワット

アイアンクラブで体を支え深いスクワットを行う

スタート前に	**5**回
トレーニング	**10**回

アドレスの際に骨盤が前傾、または後傾してしまう人にお勧めのストレッチエクササイズです。骨盤が前傾すると腰が反り、後傾すると背中が丸まります。どちらもスムーズなスイング

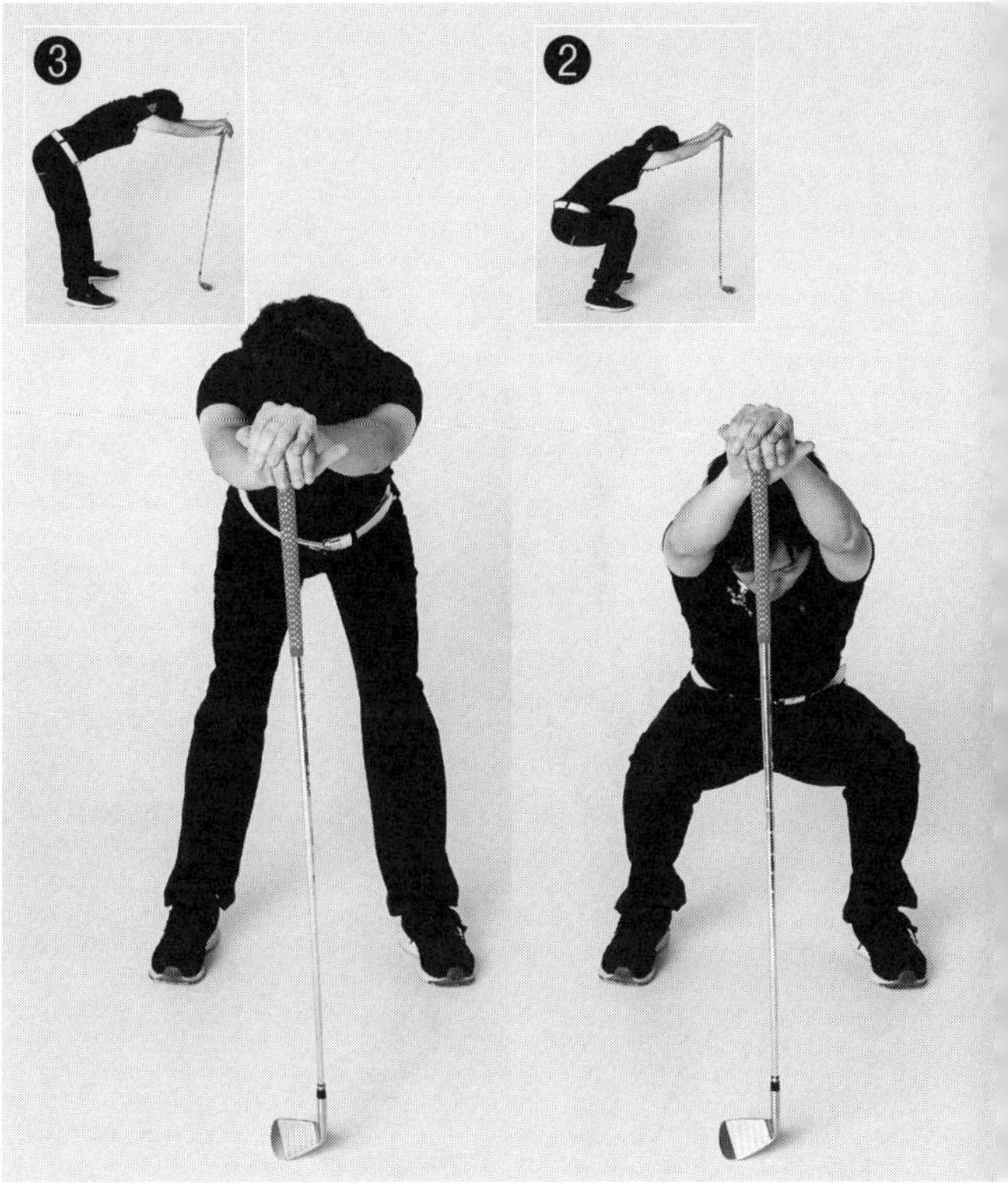

を妨げ、飛距離が落ちたり、ダフリ、トップの要因になります。太ももの裏を伸ばすことができるので、日々の練習の他、スタート前のストレッチにも有効です。

①アイアンクラブを体の前で、グリップを上にして地面と垂直に立てます。両手を伸ばし、グリップの上に軽く置きます。スタンスは肩幅に開きます。

②お尻をゆっくり下ろしていきます。かかとが浮いたり、クラブが体のほうに倒れないよう注意します。

③膝を伸ばし、お尻を上に上げ太ももの後ろを伸ばしていきます。

プロペラドリル（クラブなし）

アドレスの姿勢で両手を広げプロペラのように回す

スタート前に	5回
トレーニング	10回

スイング中の体の動きを体感できるドリルです。スイング中に、前傾姿勢を維持しながらブレない軸を作ります。アドレスの前傾姿勢の維持に必要な脇腹にある腹斜筋のストレッチにも

効果があります。
①クラブを持たずアドレスします。アドレスの姿勢を保ったまま、両手を地面と平行になるように真っ直ぐ広げます。
②③首の付け根に軸の中心があるイメージで左手を床に、右手を天井に向けます。左右交互に縦振りのイメージで下の手はアドレスの位置まで来るようにします。プロペラの回転面は背骨と直角にするのではなく、前方の壁と水平になるように縦振りをします。手を上下に回し切ったところで、脇腹の腹斜筋が十分伸びているのを感じてください。

うねりドリル（クラブなし）

胸の前で腕を交差させ手を使わない体だけの素振りを行う

スタート前に	**5**回
トレーニング	**10**回

スイング時の体の動きを作るドリルです。肩甲骨と胸郭の動きに時間差ができることにより、体がうねるようなスイングを身につけることができます。

①アドレスの姿勢から両手

を胸の前で交差させ、脇を軽く締めます。

②プロペラドリルで体感したように、体を縦回転させバックスイングします。背骨が前後左右に傾かないように。腰の動きはあまり意識せず、上体の動きにつられて自然と回転させます。

③ダウンスイングでは肩の位置をキープしたまま、胸郭を左に動かし始め、時間差をとり、両肩を縦振りのイメージで回します。

④両肩を回しながら左足に体重を移動、前傾姿勢を保ちフィニッシュします。

■ゆっくりで良いので動きを止めずに行います。

雪かきドリル

クラブをスコップに見立て雪かき動作を行う

スタート前に	**5**回
トレーニング	**10**回

雪かき動作を使って、うねりドリルにスイングのエネルギー方向が地面に向かうイメージを加えたドリルです。ダウンスイングからインパクトまで直線的にエネルギーを伝えます。

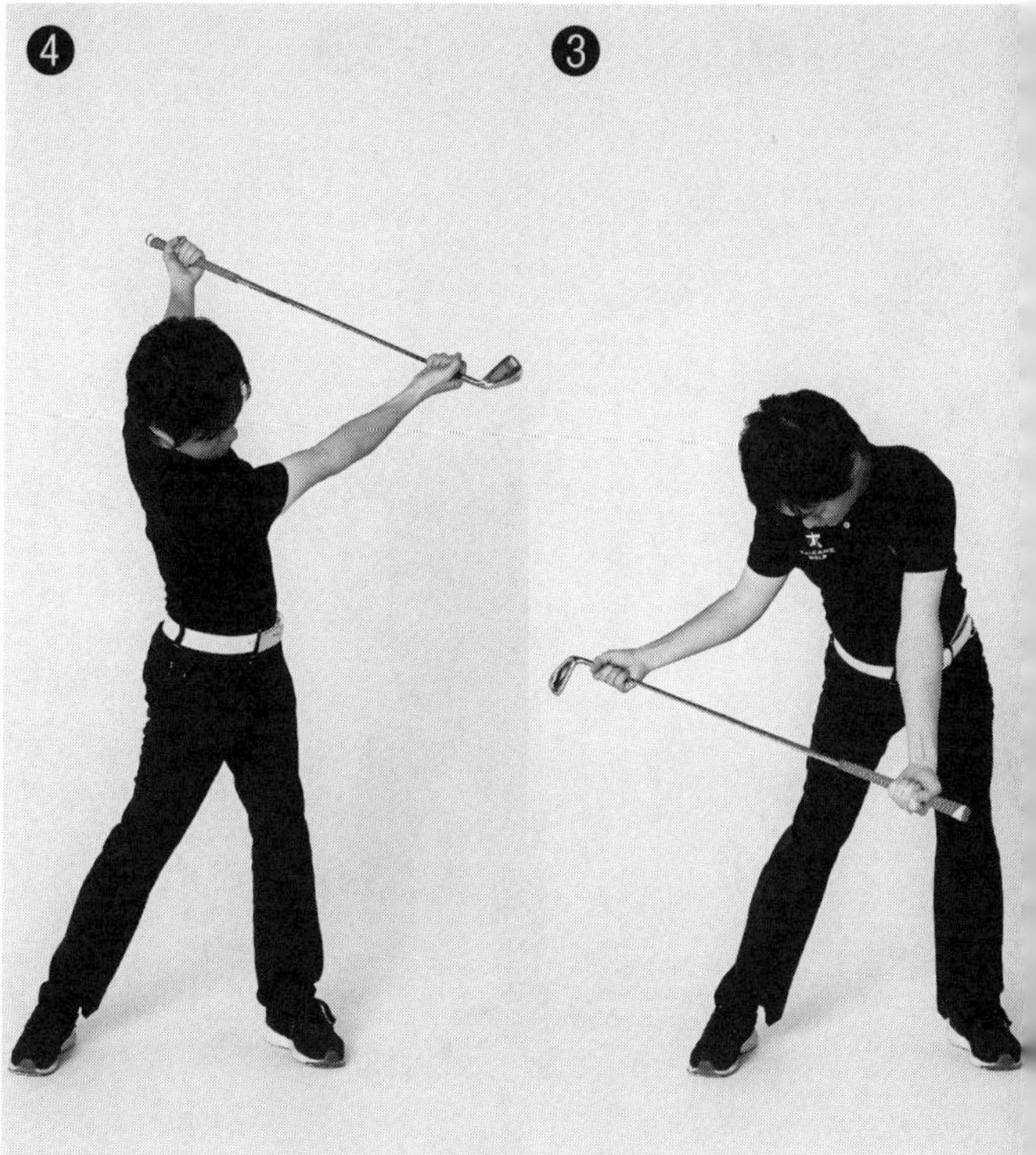

①アドレスの姿勢をとり、両手の平を上に向けアイアンクラブの両端を握ります。
②バックスイングは体を縦回転させます。両手を両脇から離さず、左手が床と平行になったところがトップになります。
③ダウンスイングではボール位置に雪の小山があり、その雪めがけてクラブを突き刺すイメージでクラブを直線的に振り下ろします。
④インパクト以降はスコップで拾った雪を遠く前方の上空に投げるイメージでクラブを上げていきます。
■うねりドリルの体の動きをとり入れて行います。

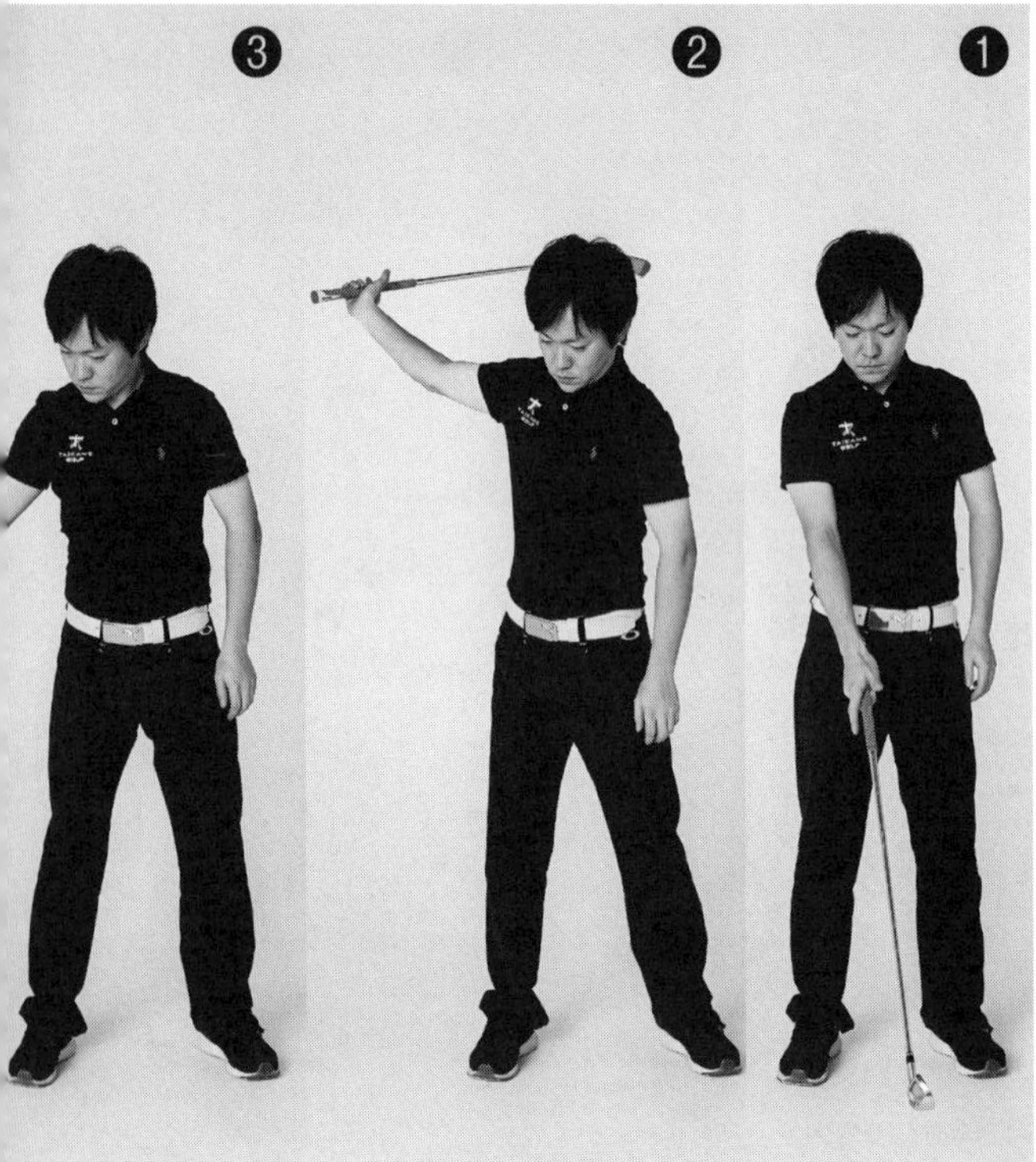

片手素振り

右手だけで素振りを行う

スタート前に	5回
トレーニング	10回

右手だけで素振りを行います。「クラブの重さを感じながら「クラブに振られる」感覚と、クラブのフェースターンの動きを身につけるドリルです。

①右手でショートアイアン

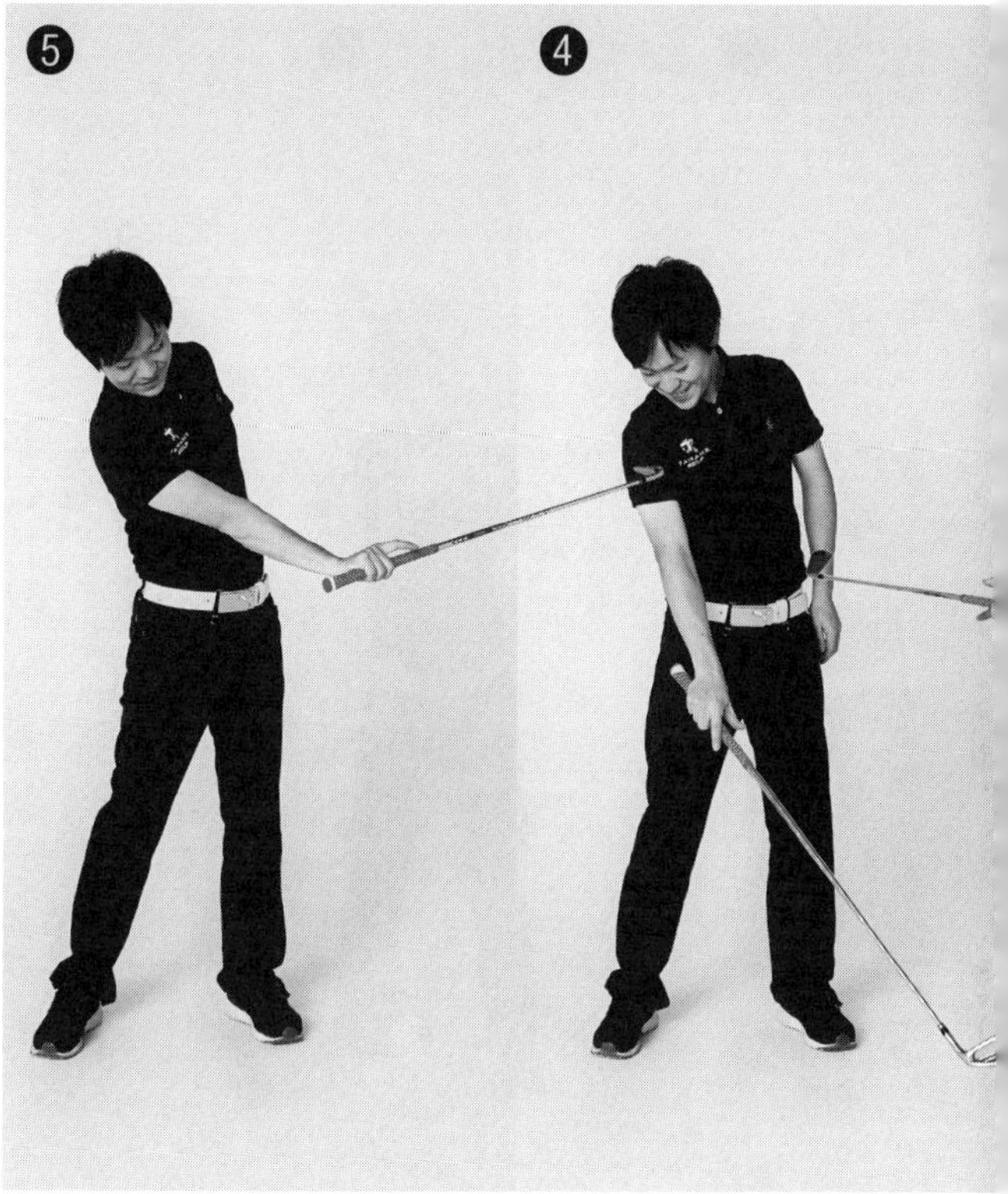

を持ちます。グリップはクラブが飛んで行かない程度に5本の指で緩く握るか、親指と人差し指を外して3本で握ります。

②バックスイングはグリップが肩の高さまで上がれば十分です。

③ダウンスイングではクラブの重さで振り下ろします。

④インパクトでは、フェースが自然とターンするので、その動きに逆らわないようにします。

⑤フォローでは右手甲が自分から見えるようにします。

■体はあまり動かさず、ぶらーんぶらーんとクラブを揺するように振ります。

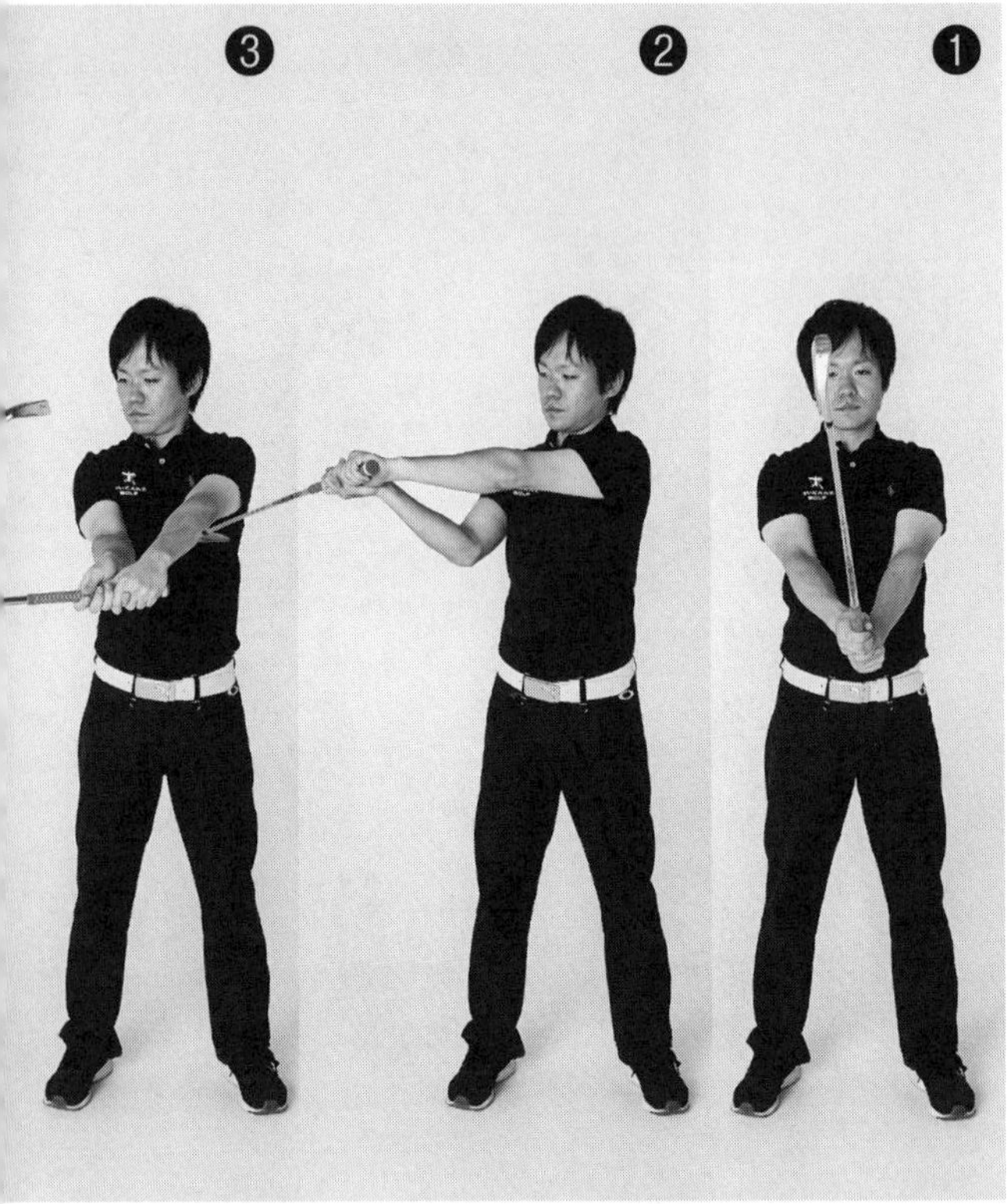

水平素振り

真っ直ぐ立ち、シャフトが床と水平になるように素振りする

スタート前に	**5**回
トレーニング	**10**回

腕を振る感覚、アームローテーション、クラブフェースの開閉を覚えるためのドリルです。

①真っ直ぐ立ち、体の正面で、シャフトが床と水平になるようにグリップします。

②バックスイングは、右に振るにつれグリップが右に回り、トップではグリップの右手甲が床を向き、左手甲が天井を向きます。右脇を軽く締め、左腕は真っ直ぐ伸ばし床と平行にします。
③④ダウンスイングでは、バックスイングの軌道を通り、体の正面で一気に右腕と左腕が交差します。
⑤フォロースイングでは、グリップは左に回り、フィニッシュではグリップの左手甲が床を向き、右手甲が天井を向きます。
■架空の水平面にクラブを乗せ、水平面上をクラブが動くイメージで振ります。

クラブぐるぐる回し

体の前でクラブを時計回りにぐるぐる回す

スタート前に	5回
トレーニング	10回

肘から先の部分をスムーズに動かすためのドリルです。合わせて、グリップを握る最適な強さを覚えます。グリップの握りが強過ぎると、スムーズにクラブを回転することができません。

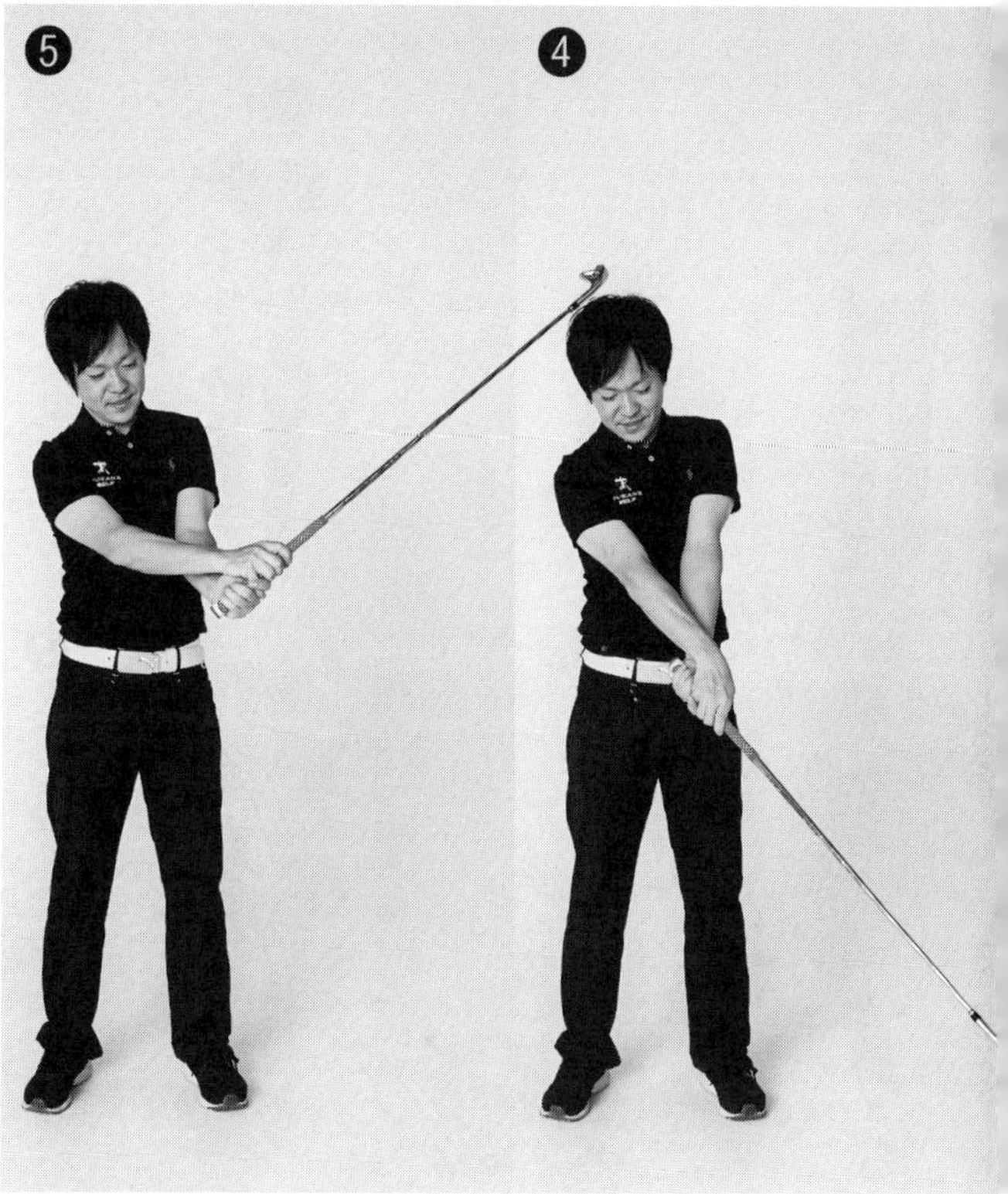

①クラブをグリップし、直立姿勢で両脇を軽く締め、両肘を安定させます。体の前に時計の文字盤をイメージし、文字盤の12時にクラブを持ち上げます。

②肘から先でクラブを時計の針の進行方向、自分から見て右回りに回します。

③文字盤の6時を指すときはアドレス時のグリップになります。

④文字盤の8時を指すとき、手が返り右手の甲が正面を向きます。

⑤文字盤の10時を指すとき、右手甲が上を向きます。

■クラブを止めずにぐるぐる回します。

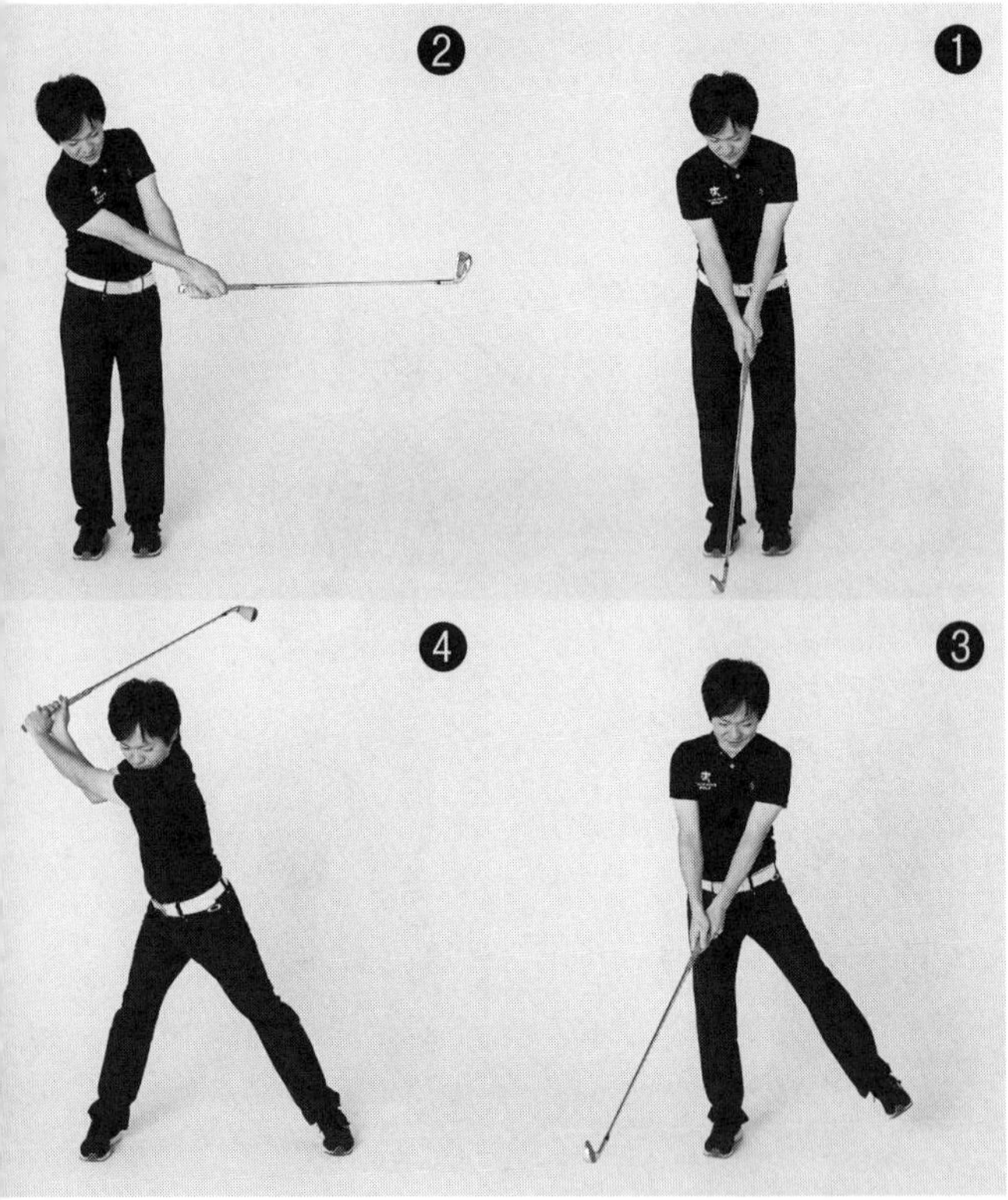

ステップドリル

バックスイングで 左足を踏み出し スイングの流れをつかむ

スタート前に	**5**回
トレーニング	**10**回

スイング中の体重移動、上半身と下半身の引っ張り合いを感じるドリルです。スタート前やラウンド中の素振りにも有効です。

①スタンスを閉じてアドレスします。

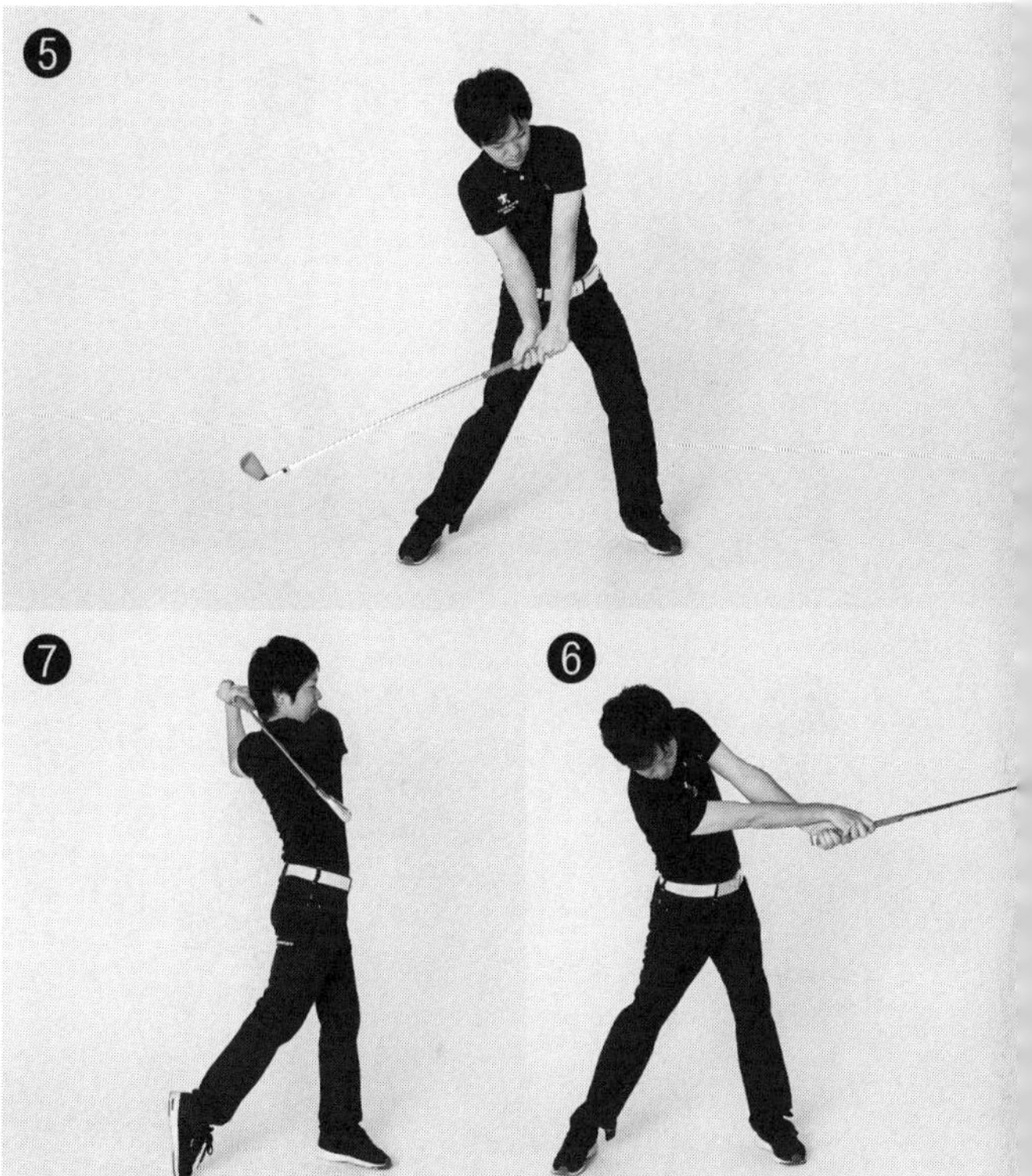

②フォロー側にシャフトが床と平行になるまで振り出し、動きを止めずにバックスイング側に振り戻します。
③クラブが体の正面に戻ったタイミングで左足を肩幅分、左に踏み出します。
④左足が着地、クラブと左足が引っ張り合います。
⑤トップからダウンにかけては、流れを止めずにダウンスイングを行います。
⑥インパクトからフォローにかけて、左足体重を感じながらスイングします。
⑦フィニッシュではしっかり左足に乗ります。
■流れを止めずに一気に行ってください。

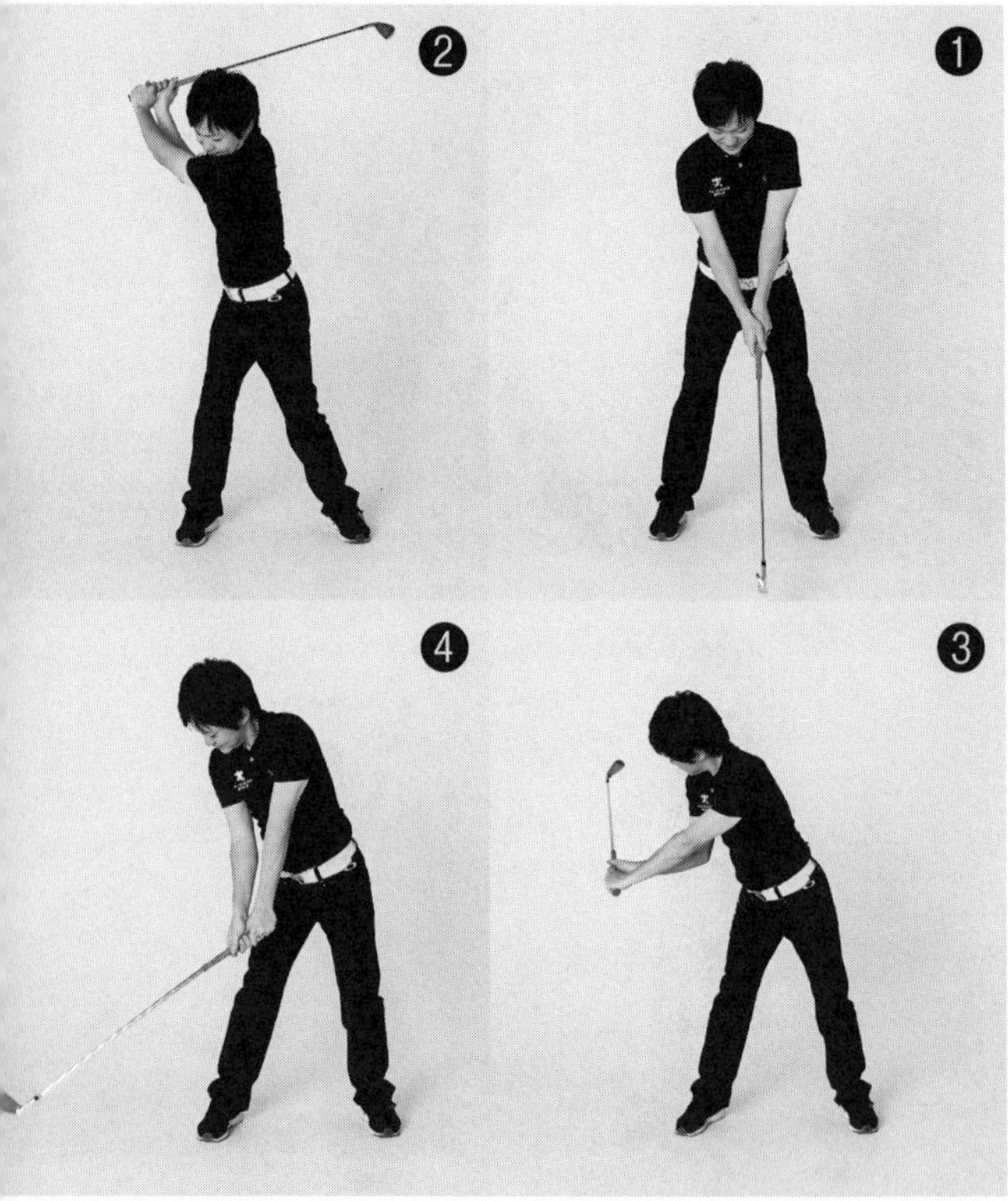

右向き素振り

顔・胸・骨盤を右に向けたまま素振りを行う

スタート前に	**5**回
トレーニング	**10**回

　ミスショットの原因のほとんどは振り遅れと言われています。ラウンド中にミスショットが出たらこのドリルを試してください。振り遅れ防止に役立ちます。

①普段通りのアドレスをし

ます。

②バックスイングでは、うねりドリルの動きをイメージし、体を縦回転させます。

③ダウンスイングでは胸と骨盤を右に向けたまま腕だけを振り下ろします。目線は右斜め後方に向けます。

④顔・胸・骨盤が右を向いたままインパクトを迎えます。

⑤フォローに入っても右を向いたままにします。

⑥右肩がアゴの下まで入ったら、腕の振りにつられるように体を回転させます。

⑦フィニッシュでは顔と腰が正面を向き、通常の形になります。

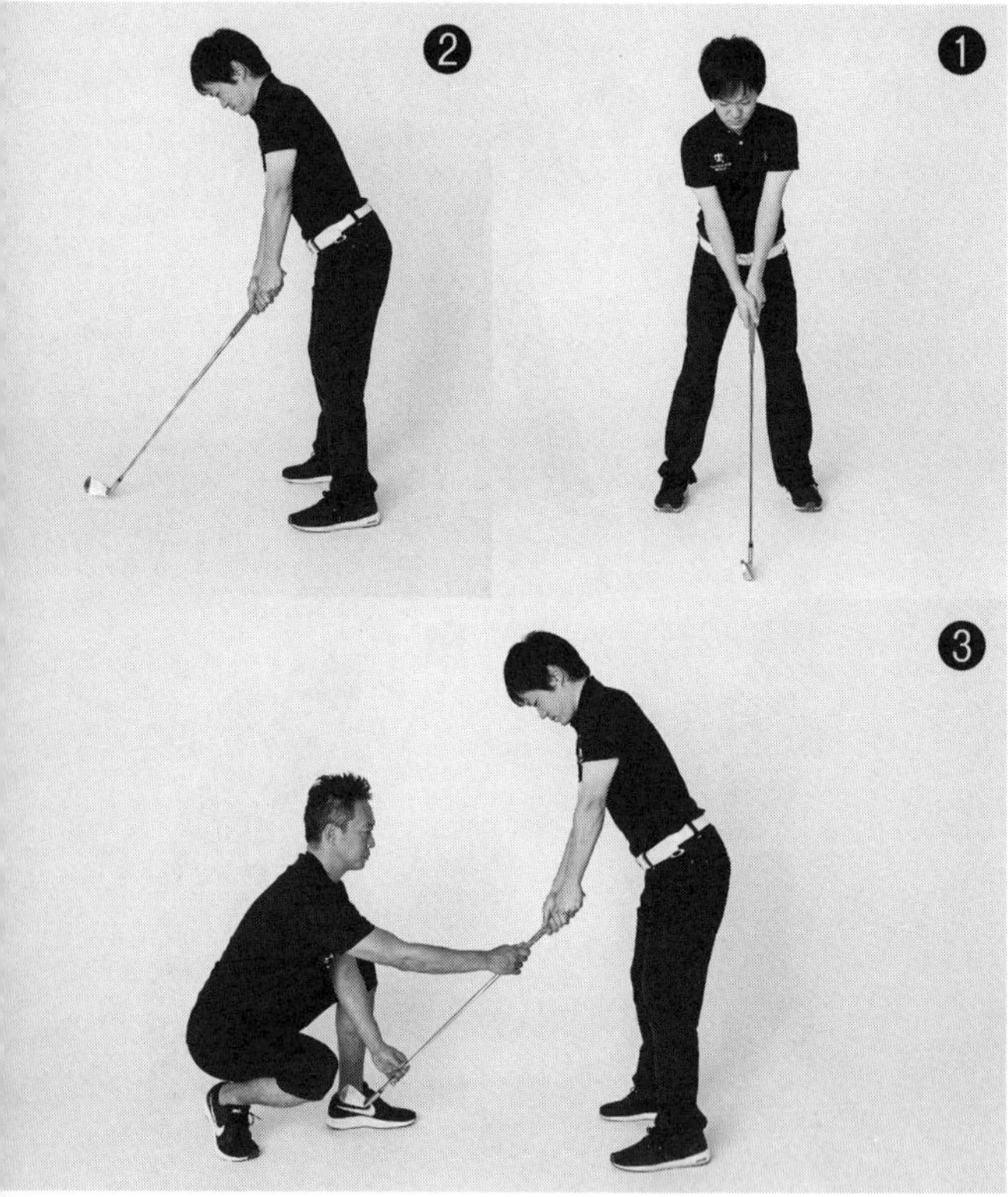

アドレス 引っ張り合い

アドレスの姿勢と重心位置をチェックする

アドレスの姿勢が適正ならば、多少引っ張られたり、押されてもグラつくことはありません。このドリルは簡単にアドレス姿勢が適正かどうかを判断することができます。練習ラウンドな

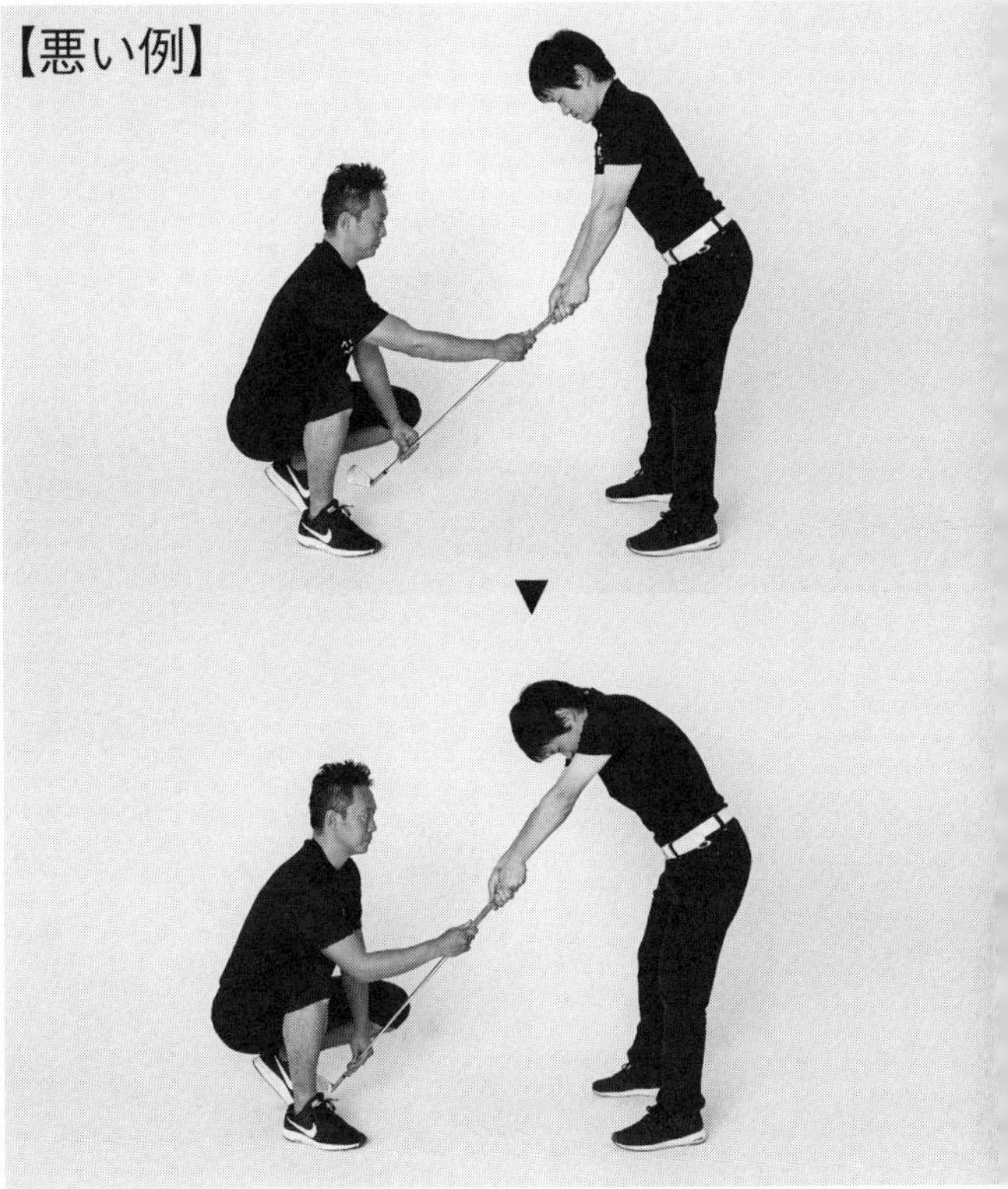

どで同伴者とお互いにチェックしてみましょう。

①②腕・肩・グリップの力を抜き、自然なアドレス姿勢を心がけます。

③同伴者などに正面からクラブを握ってもらい、前後に引っ張ったり押したりしてもらいます。引っ張る力はそれほど入れる必要はありません。グラグラしなければ良いアドレスです。

【悪い例】引っ張られたとき、手だけが前に行ってしまう場合は、肩が上がっているか、腕が内旋している状態が考えられます。体ごと前に倒れるときは重心が前後左右にズレています。

第8章

ゴルフを上達させる食習慣と栄養サポート

荒木悠歩
あらき・ゆうほ。「タイカンズ」栄養コーチ。管理栄養士、栄養教諭、調理師、オーソモレキュラー・ニュートリション・プロフェッショナルの資格を持つ。「タイカンズ」では体質改善のカウンセリングやダイエットサポートなどを行っている。

体幹トレーニング＋食習慣の見直しで上級ゴルファーになれる！

第7章まで、ゴルフスイングを良くするための様々な体幹トレーニングをご紹介してきました。しかし、こうした体幹トレーニングを一生懸命にやっても、食生活が乱れていては、体型が一向に変わらず、姿勢を素晴らしく良くすることは難しいです。体の動きも思ったようには向上できません。また、筋力もあまりアップできず、スタミナもさほどついていないということになってしまいます。

つまり、お腹が出たメタボ体型は体幹トレーニングだけでは解消できません。食生活を改善してこそ、体型を良くすることができ、グッドスイングを手に入れることができるのです。筋力がアップして飛距離が伸び、スタミナが向上することから集中力が増し、疲れない体にもなります。思ったような打球を打つことができるようになり、スコアも大幅に縮めることができます。

そこで、最終章の第8章では、上級ゴルファーになるための食習慣の見直し方や栄養サポートの情報を紹介していきたいと思います。こうしたことは「タイカンズ」でもしっかりとやっていることです。

「タイカンズ」でトレーニングをされているゴルファーは皆さん、スイングを良くするだけでなく、体も引き締めたいと思っています。出っ張ったお腹を引っ込めて、見た目にもスマートなゴルファーになりたいと希望しています。これは本書の読者の方々もきっと同じ思いだと思います。そこで「タイカンズ」で行っている栄養サポートの内容を具体的にお話ししていこうと思います。

まずは、体重オーバーをすぐに解消したいとか、お腹をすぐに引っ込ませようとして、極端な食事制限やダイエットはしないことです。バランスの良い食事をすることが重要です。良質なタンパク質を摂取して筋肉を増やし、糖質である炭水化物も適度にとってエネルギーに変えていく必要があります。それにはご自身が1日に摂取するべきカロリーを計算して、カロリーオーバーにならない食生活を行うことです。

次のページからこうしたことを具体的に説明していくと共に、ゴルフプレーに最適な食事、足がつったり熱中症を防ぐようなドリンクなども紹介していきます。

健康維持、筋力アップ、スタミナアップ ゴルファーが必要とする食事と食材

バランスの良い食生活と一口に言っても、何をどう食べたら良いのか、わからないと思います。そこで、ゴルファーにとって必要な食事を、健康維持、筋力アップ、スタミナアップの3つに分けて、お話しします。

まずは基本となる健康維持のための食事です。これは食材を見た目から赤・黄・白・緑・黒の5色に分けて、その5色を1日の中で食べていくと栄養のバランスがとれます。

赤と黄は肉、魚、卵などのタンパク質と脂質です。白は米や麦など穀物の炭水化物です。緑と黒は野菜や海草類のビタミンやミネラルです。朝食から何色を食べたかを覚えておき、夕食までに5色すべてを食べるようにしましょう。

次に筋力アップの食事です。筋肉は肉や魚、大豆などのタンパク質と、赤身魚やレバー、バナナ、玄米などに含まれるビタミンB6を摂ることによって作られます。葉物野菜や芋類、果実などに含まれるビタミンCは筋肉や関節の強化につながります。また、運動後は糖質でエネ

ルギーを補うことも大切です。

3番目はスタミナアップの食事です。これはエネルギーの源となるグリコーゲンを筋肉に蓄える必要があります。米、パン、麺、芋や根菜などの炭水化物はグリコーゲンのもととなります。この他、ビタミンB群（レバー・豚肉、鮭・鯖・秋刀魚、葉物野菜やブロッコリー、きのこ類）を摂取すると、糖質の代謝や疲労回復に効果を発揮します。ニンニクやタマネギ、ネギ、ニラなどはビタミンB群をサポートするアリシンが含まれているので食べるように心がけましょう。

さらに鉄分（レバー、赤身肉、鮪・鰹、プルーン、ひじき）はグリコーゲンを効率良く燃やす血液を作りますし、梅干しや柑橘類に含まれるクエン酸はグリコーゲンの貯蔵スピードをアップしますので、これらの食材も摂取するようにしたいものです。

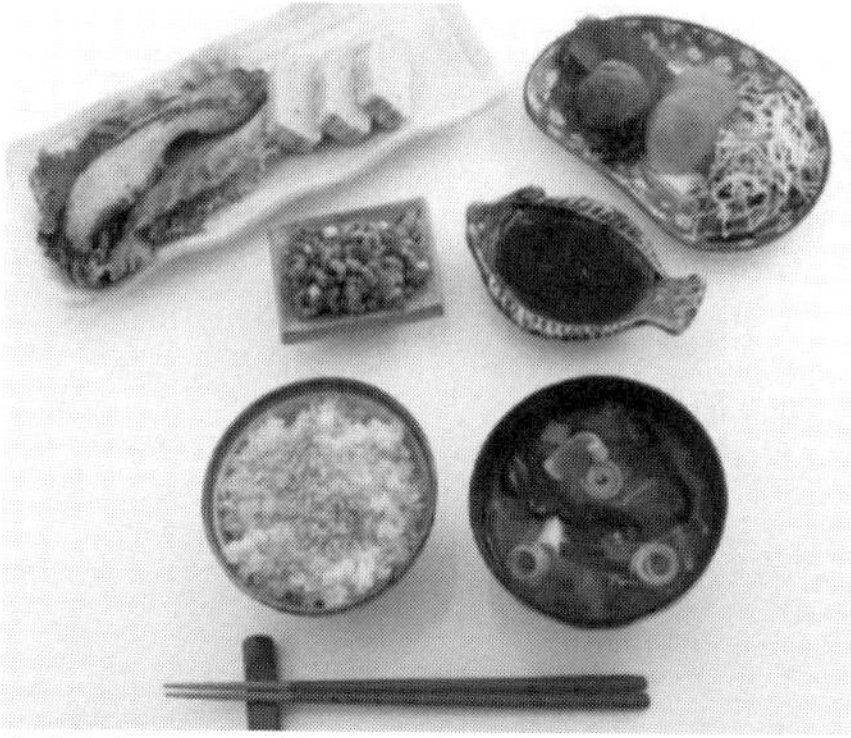

食材を赤・黄・白・緑・黒の５色に分け、1日の中でそのすべての色を食べると、バランスの良い食生活となる。

カロリーオーバーにならないよう、脂質と炭水化物を摂り過ぎないように！

バランスの良い食事をしているつもりでも、食べ過ぎは太ってしまいます。自分が摂取するべき1日のカロリーを計算して、それ以上になり過ぎないように気をつけることが重要です。

減量目的の方であれば、1日の必要摂取カロリーは標準体重から計算できます。自分の標準体重は「身長（m）×身長（m）×22」。身長が170㎝ならば、1・7×1・7×22となり、63・58kgとなります。1日に必要な摂取カロリーは標準体重に25～30をかけたものになりますので、約1600～約1900カロリーとなります。男性や女性、年齢や職業によっても変わりますが、現在の体重が標準体重よりも多い人はカロリー摂取過多になっていると思います。1日に必要なカロリーは意外と低いことを認識しましょう。

また、体重過多になっている人は、脂質や炭水化物の摂り過ぎが原因のことも多いです。脂質は揚げ物などの摂り過ぎに注意したいものです。また、炭水化物の摂り過ぎは余った糖が脂肪に変わってしまいますし、脂質を燃焼することもなくなってしまうのです。つまり、体重を落とそうと思ったら、まずは炭水化物の摂り過ぎに注意することです。

炭水化物の代わりにタンパク質を摂取することをお勧めします。タンパク質を摂ると筋肉がつき、代謝が良くなって脂肪がつきにくくなります。日本人はタンパク質の摂取量が少ないと言われています。１日に必要なタンパク質は「体重×１～２」ｇです。体重60kgの人なら、60ｇ～１２０ｇ摂取して欲しいわけで、ステーキ１枚、卵２個、豆腐一丁程度が目安となります。

このように考えると、体重過多の人は毎日の食事でおかずを中心に食べる。それもカロリーが少なく栄養がたっぷりとある食材。鶏のささみや胸肉、赤身の肉や魚、野菜やきのこ、海草類を食べるように心がけると良いでしょう。

また、夕食は軽めにして、朝食をしっかりとること。昼食もタンパク質を摂ることを心がける。お酒は内臓疲労をもたらすので控えめに。

メイン料理に肉や魚、卵料理、サイドメニューに大豆製品や季節の野菜、海藻、きのこをたっぷり組み合わせると、食卓が豊かになる。

ゴルフの前日と当日に何を食べるか？スコアが良くなる食事

ゴルフをするときは体調を良くしておきたいもの。それには前日の夕食から気をつけておきたいことがあります。まずはお腹いっぱい食べずに腹8分目にすること。これは普段の食生活でも同じです。

とんかつや唐揚げなど油っぽいものは控え、消化の良いものを食べるように心がけましょう。また、お刺身などの生ものや刺激物も控えたいところです。できればアルコールも内臓を疲労させますのでストップしましょう。さらに、繊維質が多いものや人工甘味料の摂り過ぎはお腹が緩んだり、ガスが溜まりやすいので控えるようにしましょう。

ゴルフ当日はプレーが始まる1時間前までには朝食を済ませましょう。脳と体を目覚めさせるためにしっかりとること。消化に時間がかかる脂肪分の多いものは避けて、炭水化物を摂ります。パンよりはおにぎりなどのご飯がベター。ゴルフ場での食事なら、洋定食よりも和定食がお勧めです。消化に体力を使わないようにビタミンとミネラルは野菜ジュースで補います。

お昼は糖質と脂質に偏っていると集中力が低下し、午後のプレーに影響します。麺類が食べたいときは肉そばや鴨南蛮などにし、ラーメンなど脂質の多いものは控えましょう。タンパク質や脂質は消化に時間がかかるので、薄切り肉や挽肉を選択。しょうが焼きなどがベストです。とんかつはＮＧメニュー。ミックスサンドは消化が早くバランスも良いのでベターです。アルコールは摂らず、野菜ジュースが良いでしょう。

プレー後は糖質を使い切り、エネルギー不足です。そのままにすると筋肉が分解されてエネルギーになってしまいます。そうならないために糖質とタンパク質を一緒に摂ることが大切です。お勧めはオレンジジュースにプロテインを加えること。液体で摂取しやすく、消化吸収もスムーズなので、疲労回復のスピードが早くなります。

ゴルフ当日の朝食は脂肪分のあるパンよりもご飯がベター。おにぎりや和定食がお勧め。昼食はラーメンやとんかつはNG。しょうが焼きやミックスサンドがお勧めだ。

ゴルフプレーを最悪にしてしまう足のつり、熱中症、下痢の防止法

ゴルフをしていて、体調が悪くなるのは、自分が困るだけでなく、一緒に回っている人にも迷惑をかけてしまいます。それだけに前日の食事が大切なだけなく、早めに寝ることも大事なことです。当日も足がつったらプレーが続けられなくなりますし、熱中症は危険な状態にまで陥ります。また、お腹を下してしまってはプレーに集中できず、続行不可能にもなります。

そこで、足がつる、熱中症、下痢の3つの症状について、食事でできる防止法をお伝えしたいと思います。

まずは足がつることですが、これは筋肉に関係している神経が異常に興奮してしまうことから起きます。これを予防するには、筋肉の収縮に影響する栄養素、カルシウム、カリウム、マグネシウムを含む食材を摂取しておくこと。また、水分と共に、筋肉の疲労を軽減するビタミンB1も一緒に摂取すると良いでしょう。

次に熱中症です。これは汗をかくことで体の水分が減り、体温調節ができなくなり、血の巡

りが悪くなることから起きます。予防するには喉が乾く前に水分補給をすること。水だけだとナトリウム濃度が薄まって飲む気がなくなるので、塩分＋糖分が含まれているイオン飲料を補給すると効果的です。

3番目のお腹を壊してしまう下痢ですが、これを防止するにはプレー前に冷たいものや刺激物、脂質の高いものをとらないことです。これらは腸の運動を異常に高めて、便の通過速度が速くなってしまうのです。また、乳製品や人工甘味料もとらないこと。これらは腸で吸収されにくい糖を含むので、そのまま大腸にいってしまいます。どちらも大腸で水分が吸収されなくなり、下痢の原因になってしまうのです。さらには食あたりの原因となる生ものも控えておくほうがベターです。

これらのことに気をつけて、楽しくプレーしましょう。

熱中症や夏バテ防止には、水だけよりもイオン飲料を飲むと良い。アミノ酸やクエン酸なども入っていて、疲労回復にも良い。

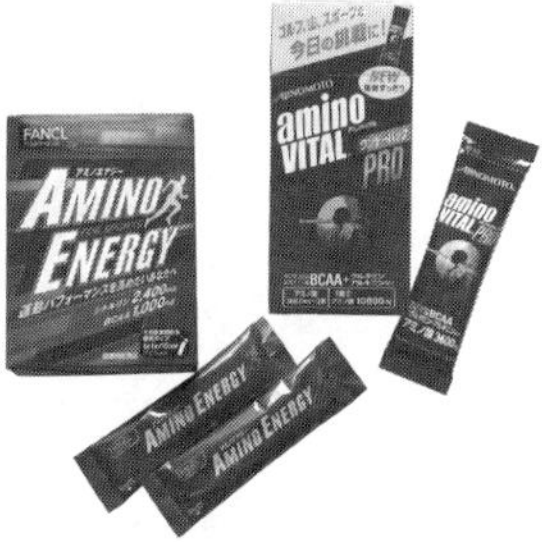

足がつるようなときは顆粒タイプのアミノ酸サプリメントを水に溶いたりして摂取しておくと良い。プレー後にも筋肉疲労の回復が早くなる。

「タイカンズ」は体幹トレーニングに特化したジム
「タイカンズゴルフ」はジム内のゴルフスタジオ

本書の製作にあたり、全面協力してくれたのが「タイカンズ」のチーフトレーナーである中川祥太朗さんとスタッフの方々。「タイカンズ」は東京の新宿御苑駅から徒歩1分のところにある、体幹トレーニング専門のフィットネスジムだ。月曜を除く朝から晩まで（土日は午後6時半まで）、様々な体幹トレーニングのプログラムレッスンが行われている。

そのプログラムはこのジム特有のもので、本書でも紹介した「コアビティ」と「ピラフェクト」、その他に「コアセット」があり、会員になればそのプログラムも受けられ、筋力を鍛えると共に、体の安定性や柔軟性をアップさせ、スタイリッシュな体型になるだけでなく、疲れにくい動ける体にしてくれる。栄養指導もしてくれるので体調も万全となり、仕事もやる気に満ちてくる。

そうしたことから、ビジネスマンやオフィスレディ、モデルといった人々がひっきりなしに訪れている。

このジム内には「タイカンズゴルフ」というゴルフレッスンスタジオが入っている。1打席のスタジオブースが2つあり、辻梨恵プロらを育てた三觜喜一ヘッドプロと、本書に登場してくれた南田陽平プロがコーチしてくれる。体を鍛えることをベースに、スイング技術をマンツーマンで指導してくれるのだ。

「タイカンズ」を運営する（株）ライフウェルは、他に「フィットネス＆スパ」「ライフウェル相模大野」「同・溝の口」「同・浜松」といったフィットネスジムやヨガをベースとした「ヨギスタイル」などのジムも運営している。

明るく元気なスタッフが出迎えてくれる「タイカンズ」「タイカンズゴルフ」の受付。

最新機器でスイングや打球のすべてがビジュアル化、データ化される「タイカンズゴルフ」スタジオブース。

マンツーマンの指導で的確に体幹力アップを成し遂げられるパーソナルトレーニングルーム。

「タイカンズ」なら効果実感型トレーニングで自分の体幹をしっかりと鍛えられる

「タイカンズ」では体幹を鍛えることにより、自分にとって気持ちの良い体に生まれ変わることができる。それは体の外側だけでなく、体の内側から鍛えることができるからだ。体本来の能力を目覚めさせる体幹エクササイズを行っているのだ。体幹を鍛えることにより、体が疲れにくくなる、動作がスムーズになる、ゴルフスイングが良くなる、姿勢やアドレスが良くなる、お腹が引っ込む、若返る、内臓の働きが良くなるといった様々な効果がある。

「コアビティ」で実施されるTRXを使ったエクササイズ。体力や運動能力がアップする。

「コアビティ」で実施されるVIPRを使ったエクササイズ。体幹が鍛えられバランス力がアップする。

「ピラフェクト」はヨガやピラティスの要素を盛り込んだしなやかで安定した体になるエクササイズ。

「タイカンズ」新宿御苑
東京都新宿区新宿1-12-5 4·5F
☎03-3352-2811
http://taikanz.jp
営業時間:火·木/7:00〜22:30、
水·金/10:00〜22:30、
土·日·祝/9:00〜18:30
定休日:毎週月曜

ライフウェルの運営する施設概要

会社名　：株式会社ライフウェル
本社　：神奈川県横浜市戸塚区平戸3-44-12
電話番号 045-410-6623

営業内容　：フィットネスクラブ経営・ヨガスタジオ経営
フィットネスクラブ・コンサルティング他
訪問看護・予防介護事業

店舗　：**フィットネス&スパ　ライフウェル相模大野**
神奈川県相模原市南区相模大野3-22-1 2F
ジム、スタジオ3面、岩盤浴、ロッカー、シャワー、風呂

フィットネス&スパ　ライフウェル溝の口
神奈川県川崎市高津区溝口1-19-11 グランデール溝ノ口2・3F
ジム、スタジオ3面、岩盤浴、エステ、ロッカー、シャワー、風呂

フィットネス&スパ　ライフウェル浜松
静岡県浜松市中区木戸町1-17 2F
ジム、スタジオ4面、岩盤浴、エステ、ロッカー、シャワー、風呂

ヨギスタイル新宿御苑
東京都新宿区新宿1-12-5 3F

ヨギスタイル町田
東京都町田市原町田4-5-7 町田ヒカリビル3F
ホットヨガ・スタジオ2面、岩盤浴、※PTジムウイザス併設

タイカンズ新宿御苑
東京都新宿区新宿1-12-5 4,5F

ライフウェル訪問看護リハビリステーション青葉台
神奈川県横浜市青葉区松風台13-5 ライムライト3-1F-G

ライフウェル営業部青葉台(福祉用具貸与・特定福祉用具販売)
神奈川県横浜市青葉区松風台13-5 ライムライト3-1F-G

リヴィタップ新松戸
千葉県松戸市新松戸2-20 関ビル3F

リヴィタップときわ台
東京都板橋区南常盤台1-23-11 常盤台ハイツ1F

リヴィタップ東戸塚
神奈川県横浜市戸塚区品濃町549-1 大洋センタービル3F

監修：中川祥太朗（タイカンズ）
編集：本條強（オフィスダイナマイト）
執筆：宇蓮木進ノ介、本條強
写真：大森大祐
レイアウト：山田康裕（ヤマダジムショ）
協力：増田秀俊（ライフウェル）、杉山章（ACURA）

※本書に掲載されているエクササイズは、『書斎のゴルフWEB』、「タイカンズ」ホームページにて動画でご覧いただけるよう準備中です。

ＴＡＩＫＡＮＺ　ＧＯＬＦ
たいかんず・ごるふ

ゴルフフィットネススタジオ。ダイエット、ランニング、ゴルフ、コンディショニング、栄養指導などの個人フィットネスに特化したスポーツジム&個人トレーニングサポート施設「ＴＡＩＫＡＮＺ」のゴルフ部門。２００９年開設。体本来の能力を目覚めさせる体幹エクササイズなど、運動の基軸となる「体幹づくり」にフォーカスしたトレーニングに定評がある。

「書斎のゴルフ」編集部
「しょさいのごるふ」へんしゅうぶ

読めば読むほど上手くなる教養ゴルフ誌。1、4、7、10月刊行の季刊誌。

日経プレミアシリーズ 380

誰《だれ》でもできる「ゴルフ体幹《たいかん》」の鍛《きた》え方《かた》

二〇一八年七月九日　一刷

監修者　ＴＡＩＫＡＮＺ　ＧＯＬＦ

編者　「書斎のゴルフ」編集部

発行者　金子　豊

発行所　日本経済新聞出版社
https://www.nikkeibook.com/
東京都千代田区大手町一―三―七　〒一〇〇―八〇六六
電話（〇三）三二七〇―〇二五一（代）

装幀　ベターデイズ

組版　ヤマダジムショ

印刷・製本　凸版印刷株式会社

ISBN 978-4-532-26380-5　Printed in Japan

日経プレミアシリーズ301

クラブを正しく使えばもっと飛ぶ!!

関雅史

いくら振り回しても飛ばないのは、クラブを正しく使えていないから。身長166センチの体格ながら、ドライビングコンテストで382ヤードを記録したこともある飛ばし屋ティーチングプロが、そのメカニズムと実践法を伝授するゴルフ開眼の書。

日経プレミアシリーズ304

次のコンペで勝つ! 10打縮まるゴルフの特講

「書斎のゴルフ」編集部 構成

ロリー・マキロイ、宮里優作、小田孔明、尾崎直道、藤田寛之、トム・ワトソンなど、ツアーで勝ち続けるプロ10人が、常に肝に銘じているゴルフの極意を特別講義。彼らが培ったスイング技術や練習法、勝負の勘所を学べば、アマチュアもスコアアップ間違いなし。次のコンペで勝つために必読の1冊!

日経プレミアシリーズ308

内藤雄士の「あすゴル!」

内藤雄士著 ゴルフネットワーク監修

人気ツアープロコーチがレッスン番組で伝授してきたメソッドを凝縮したゴルフスキルアップ指南書。グリップ、アドレスから飛距離アップのためにやるべきこと、各クラブの扱い方や正確なショットを生み出すストレッチにいたるまで、正しいスイングや基本的なテクニックが自然と身につくドリルが満載!!